U0108347

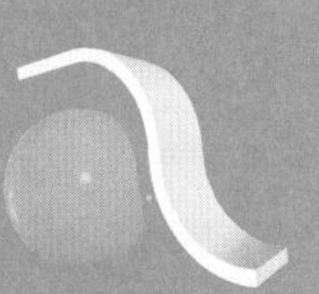

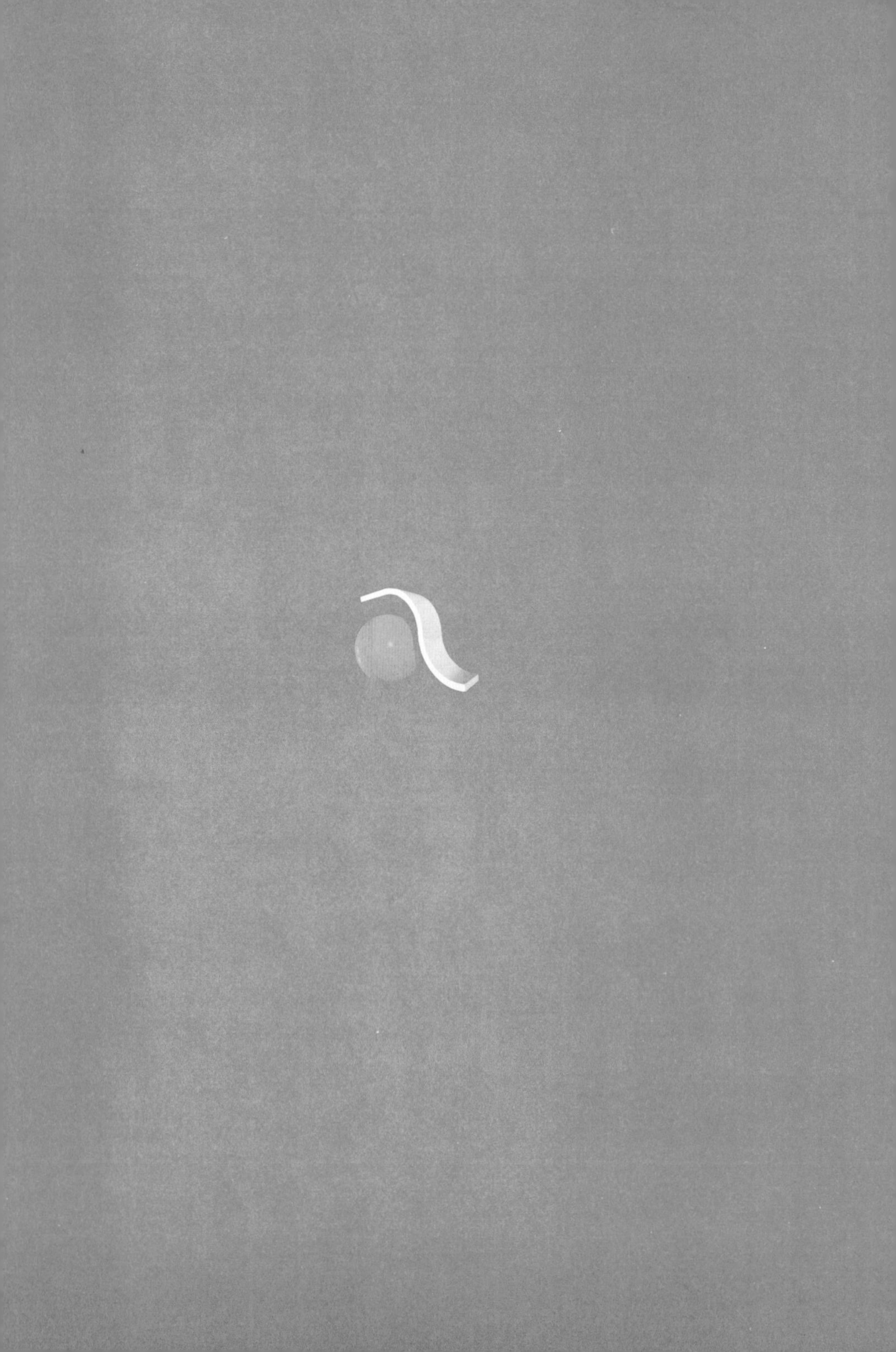

猶太人的禮物

──一個游牧民族如何改變歷史

The Gifts of the Jews:

How a Tribe of Desert Nomads Changed the Way Everyone Thinks and Feels

湯瑪斯・高希爾（Thomas Cahill） 著
曾曉鶯 譯

猶太人的禮物

CONTENTS

CONTENTS 猶太人的禮物

前言：那都是猶太人

這全都是從猶太人開始的。我所謂的「這」是指許多我們關心的事情：那些構成我們價值體系的根本基礎。「我們」包括了猶太人和非猶太人、有信仰的人和無神論者，任你選擇。如果沒有這些猶太人，我們將會通過不同的眼光看、用不同的耳朵聽這個世界，甚至感受到截然不同的感覺。不只是我們的感覺中樞會不同，通過那個感覺中樞螢光幕的篩選，我們接受的這個世界也將不同：我們將會根據不同的想法理解我們的世界，對我們所有的經驗作不同的解釋、對發生在我們周遭的所有事情作不同的結論。我們將會爲我們的生命規劃不同的過程。

我所謂的「我們」，是指一般「我們」二十世紀晚期的著述：西方世界的人特別擁有而且關係重大的心理狀態。這心理狀態感染了地球上的每個文化。因此，以驚人的準確度來說，所有的人性都已經不由自主地陷入了這個「我們」的圈套。不論好歹，西方世界的人性歷史是一脈單傳的。正因如此，西方世界的發明者猶太人是絕無僅有的：沒有別人像他們一樣遙遠；他們有非常特殊的天職。在本書裡，我們將可以看到，這種個人命運的特殊天職是猶太的想法。

我們的歷史充滿了這種例子：很多人不願意正視猶太文化。猶太人是西方世界的前輩、祖先。但由於知識上的盲目、種族沙文主義、仇外心理，或者純粹壞心眼，這些人無法給猶太這個歧異的部落、混雜的團體、流浪種族應有的立足點。事實上，在這空前的血腥世紀之末，我們可以很輕鬆的回顧那些不堪想像的恐怖景象，這些景象都是那些絕對不肯承認猶太人的人做出來的。

我要請我的讀者們，不僅要從腦中抹去恐怖的歷史（不論現代、中世紀或古代的歷史），也要（盡可能）從腦中抹去「歷史」的這個觀念。特別是，我們一定要從腦中抹去所有的固有假定，根據那些假定，我們建構了我們的世界——我們整個錯綜複雜的行動和觀念的建構、理智和情感的祖產傳統。我們必須再度想像，在聖經的文章開始寫作、開始說話之前，甚至在聖經開始作夢之前，我們是如何在這個地球上生存與活動的。

第一個人類變種出現在地球上時，想必是個很奇異的現象。就像他們的靈長類祖先，有瘦長、適於漫遊的四肢，但是沒有什麼肌肉，以及足夠的皮毛或銳爪，而要依賴樹木的保護。更別提他們嘗試著在美國南部沒有樹木的那種大草原上探險——跌跌撞撞地尋找食物，以免變成別人的食物。在用盡他們的小嘴巴、沒有長好的牙齒、不自然的大腦袋（和靈長類嬰兒一樣的大腦袋）之餘，他們被迫回過頭來，用他們的機智求生存。很長一段時間，他們的年輕對他們並無助益，直到他們度過了其他哺乳動物的嬰兒期、從父母得到多方面長時期的警惕和密切的監護。沒有計畫和深謀遠慮，沒有實際發展複雜的策略，這些變種根本不可能生存下來。

然而，如果我們借鏡於史前或草昧時期「記錄」裡的暗示，我們將會有意外的結論：人類用來幫助他們求生存、繁榮的那些發明或發現——先是工具和火，之後是農業和畜牧，之後是灌溉和輪子——並不是什麼革新。這些都是從世界以外來的禮物，應該是那「永恆」的一部分。所有的證據都指出：在早期的信仰觀念裡，宇宙是循環的。早期人們所作的假定，和稍後較精密的社會（例如希臘和印度）所作的假定略爲不同，後者的理論比較精緻些。普契（Henri-Charles Puech）在他尚在寫作中的《人與時間》（*Man and Times*）裡說道：「沒有任何事件是特殊的、沒有任何事物是預先設定的，但是……一旦有事物被顯露了，這事物便會被顯露，而且將會在每個循環裡被顯露。」

猶太人是第一個跳離這個循環的。他們找到新的思想和經歷的方法、新的了解和感覺這世界的方法。我們可以比較公正地說：他們的想法是自有人類以來唯一的新念頭；但是他們的世界觀變成了我們不可或缺的部分，甚至可以說已經寫入了我們的細胞裡，成爲我們遺傳的密碼。我們發現這密碼無法抹煞——就算是在簡單的實驗裡，也不可能逃脫這個密碼的影響——現在，所有其他民族的宇宙觀點，就我們看來，已經都是奇異陌生的。

聖經是猶太宗教經驗裡最出類拔萃的記錄。這經驗仍然保持新鮮，甚至和其他古代文獻裡的神話相對照，仍然令人感到震驚。「聖經」這個詞由希臘文裡「書」的複數演變而來。雖然聖經理所當然地被認為是西方世界獨一無二的一本書——西方世界的基礎文件——其實是一套書，是在為期一千多年的時間裡寫成的文庫。

希伯來文屬興起於中東的閃語之一支，大約至少濫觴於主前❶兩千年以前，但是不知道到底多早之前。我們缺乏早期這種語文發展的證據。像阿卡德語（Akkadian）這種閃語很早就有文學用語，但是在主前第十世紀之前，一直到古以色列人在早期猶太最重要的人物摩西的領導下逃離埃及，再度在迦南定居，都沒有可靠的書寫記錄。這表示了至少聖經的第一本文集裡的歷史故事不是以書寫方式保存下來的，而是口耳相傳。因此，從摩西帶他們離開埃及而爭取到自由、亞伯拉罕在迦南漫遊，到約書亞領導他們在迦南定居，我們只能讀到口傳的故事。這些故事在第十世紀大衛王在位期間及之後第一次（但不是最後一次）被收集編寫。但是整本聖經文集（不包括希臘新約聖經）。一直到西元第一世紀，新約聖經才被附加上去），在巴比倫俘虜了猶太人以後有一段時間，也就是在主前五百三十八年以後，才告完成。最後一本被收入希伯來文聖經的文集，可能是主前第三和第二世紀左右的事，這些是《以斯帖記》、《傳道書》（主前第三世紀）和《但以理書》（主前第二世紀）。

一些作者不明的篇章，例如《猶滴傳》、《所羅門之智慧書》，遲至第一世紀才被收入。

對大多數的讀者來說，聖經是個令人困惑的大雜燴：那些挑起艱鉅任務，要從頭讀到尾的人，在讀完一兩個篇章之後，很少能保持讀完的決心。雖然聖經裡充滿了愛與死這兩個文學的重要主題（還有刺激的諷刺、性和暴力），也充滿了宗教儀式和冗長戰爭的沈悶描述。因爲聖經是在很長的一段時間經由多之人手寫成的，對現代那些想要了解聖經的人必然充滿了混亂。

大多數的「現代人」不再考慮我們現有的、認爲是天生自然的、不辯自明的態度之起源。但是，要了解我們自己——還有我們不費吹灰之力而具有的認同感，我們必須回到這本重要的文獻去找尋。它是西方文明的基石。我並不想以繼續忽略猶太文化的態度寫聖經簡介之類的書，我想探索貫穿聖經這個特殊的文化的一些必要的線索，以了解這整個架構底下的基礎——不論讀者屬於哪個教派或不信任何宗教——爲現代的讀者們分辨那些仍然存在的西方文化遺產的源頭。

要適切了解聖經，不能從它著手。所有的定義都要有明確的界定，而要有明確的界定，就要說明它不是什麼。所以，我們要從聖經開始之前開始，從猶太人之前開始，從亞伯拉罕之前開始——當現實好像還是個可以預測的封閉的大循環，而這個大循環開始了它許多的革命的時候。我們且回到那輪轉的世界。

---

❶近來，爲了避免BC（主前）和AD（主後）之涉及基督教，一般廣泛使用BCE（公元前）和CE（公元），多多少少形成了趨勢。我使用主前和主後並不是要冒犯什麼人，而是因爲除了學術圈以外，新的稱號還沒有得到公認，恐怕公元前和公元這用詞會誤導了讀者。

1

月光下的神殿——早期宗教經驗

大約在多於五個千禧年以前，人類的手首次刻下了文字，也因而開創了歷史——人類的記錄史。發生的地點是在蘇美（Sumer），可能是在烏魯克（Uruk）的一間倉庫裡。這兒或許是可以被稱爲「城市」的人類最早居住地，在古代的美索不達米亞，沿幼發拉底河廣大腹地發展——是爲現今伊拉克的瓦爾卡（Warka）。這文字是由於需要而產生的發明：否則蘇美人如何保持他們的帳目清楚正確？人群和產業新奇地聚集在像烏魯克這樣的城市裡——眾多亂人心神的廟宇、住屋、儲藏室和狹窄巷道，一個很快就被古世界各地仿效的聚集形態——呼求著能夠計算出貨物和撤消交易的新方法，因爲光憑個人的記憶力，已不足以應付這類巨量的工作。面對這樣的苦差事，人們開始感到厭倦，產生反抗和不合作的心態——還有，到最後，有驚人地犯錯傾向——但是人類的智巧提供了極度聰明的解決方法：以耐久的書寫符號，取代容易犯錯的記憶力。

這項創新將會永遠改寫人類歷史。它使得人際的、團體間的大量訊息之儲存、獲取和全新方式的溝通成爲可能。在此之前，蘇美人在爲期數世紀的嘗試錯誤後進步至城市化，所產生的其他發明爲文字發明作了準備。農業的發明——發現人們不需依賴大自然的恩惠，而可以多少透過季節性的播種來安排這恩惠——大大地減少了人類對狩獵和採集等不穩定收穫的依賴，也因而促成第一個團體在有穩定可靠的穀糧供應之地區定居。緊接著

（或甚至可能早已發生），家禽家畜的蓄養提供了蛋、奶、肉、皮革和羊毛的可靠來源。鋤頭的發明以及進一步的犁——可能是由某個懶惰但頭腦靈活的農人想出的辦法——透過牛的力量，不但給與更多的氣力耕地，並且讓能夠耕種更大的區域（遠至肥沃月彎各處），造成了許多穩定的農耕社區。這塊水源充足的拱形土地，北起底格里斯河—幼發拉底河平原，南轉延伸，穿過約旦河谷，止於西奈。某人想出挖溝渠的好主意（後來形成運河和水庫），因此可以控制河水，由較高的河堤引入較低的田地。這意味著農人不再需要苦苦等候不可靠的中東雨水從天而降，可以耕種那些以往被認爲毫無用處的土地。這項技術經過數個世紀的琢磨後，達到極爲完美的地步，最後還沿著底格里斯河—幼發拉底河平原的廣大草原，創造出巴比倫空中花園（巴比倫王國是蘇美的繼起者），這驚人的世界奇景成了古代觀光客最喜愛談論的話題。早在攝影技術發明之前，這話題普遍到使聽到的人都覺得無聊之至。

然後，就在蘇美人發明文字之前的那段時期，爆發了大量的技術發明，其數量之多，直到十九和二十世紀時期的發明數量才能夠與之相比。這段時期所見到的，不僅是遽增的農耕社會和因農業及畜牧發明而逐漸增加的財富，也見到輪軸運輸、航行的船隻、冶金術，以及使用旋轉輪盤、烤箱烘製的陶器業——這些都在短期內接連出現。蘇美人是首先

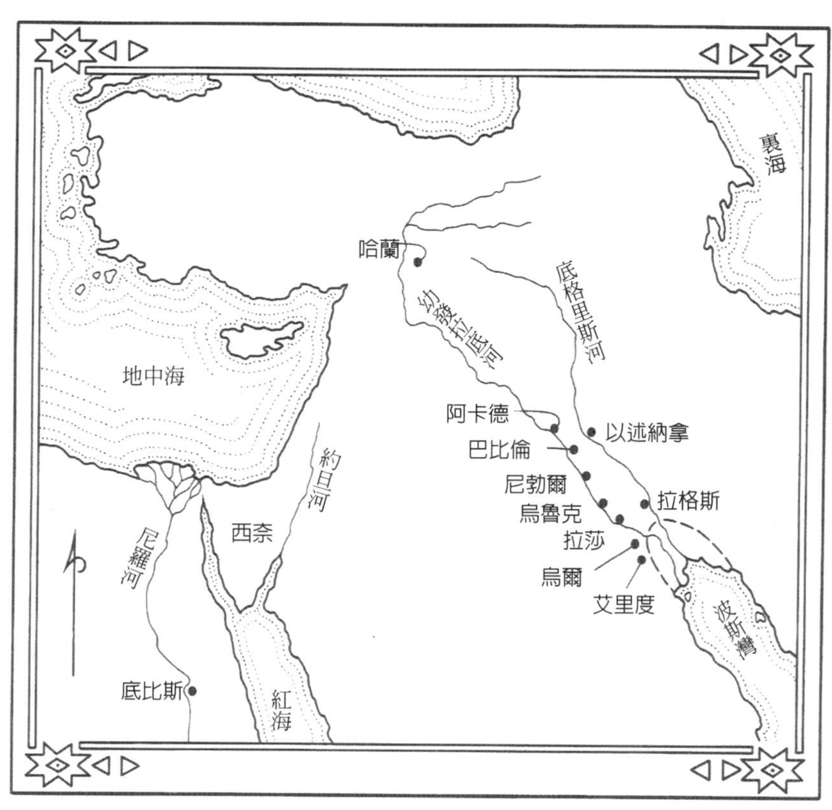

第三千禧年時的肥沃月彎

這個最古老的文明搖籃是一片廣大的拱形肥沃土地，自波斯灣延展，西北跨越整個底格里斯河—幼發拉底河平原，西南沿著東地中海約旦河谷伸展，最後止於西奈。圖中顯示了主要的蘇美—阿卡德各城邦國家（包括屬於較後期的巴比倫）。虛線（----）範圍為主前第三千禧年的波斯灣海岸。

想到要有一套建築方法的人，他們希望藉此可以跨越只爲自己建造舒適住所的簡單技藝，進而爲商業和儀式場所建造令人驚嘆、甚至激盪人心的建築：紀念性的石雕、雕刻和鑲嵌；鑄磚模、拱門、拱形屋頂和圓形屋頂，都在蘇美的耀眼陽光下首度出現。這個獨特創造系列的累積，第一次使得普遍的商業行爲成爲可能，也因爲如此，人口和產業之密集（尤其是巨大的貯藏設備），更鼓勵了那位不知名的發明家想到要發明書寫文字。

到第一個字被刻在一小塊黏土板上時（後來的許多世紀都保持這種普遍的記錄工具），蘇美人早已躍升至能夠操縱全美索不達米亞的地步，並且擁有強大的貿易網路，政權還偶爾遠至北非的尼羅河谷和遠東的印度河谷。對永遠循環移動的兀鷹來說，他們無疑地會瞧不起文明制度，還有對文明社會中缺乏容易獵取果腹的動物死屍不以爲然。蘇美出現了爲數大約二十五個的城邦國家，在文化和組織上呈現出驚人地一致性。但對身爲游牧民族的亞摩利人（Amorites）而言——閃族（Semitic）游牧民族流浪在山區和沙漠間的生活方式是蘇美人不能理解的——那些層疊聚集的城市，沿著幼發拉底河曲折蜿蜒的鮮綠河岸串連而出，就像是一條鑲著精緻寶石的巨人項鏈，看來閃閃發亮；這些城市各有一個令人驚訝的廟宇，和奉獻給那個城市的保護神的廟塔，高高聳立。每個城市都有其特別之處——這都是令人嫉妒的、提醒游牧民族他們本身匱乏的事物。

下面這段蘇美人對典型的亞摩利人之描述，清楚地列舉了游牧民族的缺憾：

被風雨衝擊的紮營人，他不懂得祈禱，
攜帶著武器，以山嶺爲居，
抗爭到極點，他轉而與土地對抗，不懂得屈膝柔順，
食用未煮熟的肉，
一生沒有房子，
當他死了，也不得被埋葬。

這段文字幾乎是在描述動物：沒有規矩或禮節——甚至對於死者也是一樣；沒有宗教或甚至煮食的火；游牧民族總是將自己捲入與那些比較「文明」的土地擁有者的血腥爭鬥之中。在這段描述的背後，我們可以偵測出遍及歷史的帝國主義者之偏見，這些人一廂情願地假定，自己在道德和技術上優於那些被他們排斥到邊緣的人，因此對於任何有價值的事物，尤其是土地，他們也擁有天賜的權利。

感謝先鋒考古學家的辛勞工作，在這個世紀期間挖掘出許多蘇美人建立的城市，並且

費心地翻譯他們留下的大量陶土寶藏，我們現在對世界上的第一個文明制度蘇美因此有了相當的了解。蘇美人的飼養和農耕技術極爲錯綜複雜（光是羊的品種，蘇美人就有兩百多個詞來表達）；他們的算術能夠計算平方根和立方根，能夠正確地計算土地或建築物的尺寸，還有挖鑿或擴展運河。他們的醫藥是講實用而非神奇，他們的藥典記載著爲各類病痛所開的藥方——從戰傷到性病（被稱爲「tun 和 nu 的疾病」——雖然專家告訴我們，他們不能確知這兩個字的意義，但是一般人不難辨別它們）。

我們甚至對蘇美人的想像創作力也頗有了解。指導手冊時常都是以同一個神的名義寫成：據說農耕手冊是寧烏塔神（Ninurta）的著作（蘇美各遺址都有這本書的出土，因此推斷這是一本長年暢銷書）。他是蘇美眾神廟的偉大神祇、「值得信賴的恩利爾（Enlil）農人」。人類農夫被勸告小心看護農作物，並且對其他人類和超人類力量採取所有的防範措施：「在種籽萌芽破土後」要驅趕飛鳥，也要向田鼠女神寧吉林（Ninkilim）祈禱，請她使她那些具有尖齒的小臣民和成長中的穀糧保持距離。甚至釀酒的過程（蘇美人非常嗜飲啤酒）還有主辦神寧卡西（Ninkasi）——一位出生於「清新晶瑩之水」中的女神，名字意爲「塡嘴的女士」。在釀酒這個主題上，蘇美人變得極富詩意：寧卡西負責爲眾神釀酒，她「用巨鏟量取大麥芽來烘焙」，「將麥芽麴和甜美的香氣混合」，「將香郁的啤酒倒入酒器中，就像是底格里斯河和幼發拉底河的匯合」！

當然，我們不能對每個在蘇美文字刻版中提到的神祇太過認眞，不能比當今公衆人物虔誠祈禱上帝更爲當眞。蘇美人是實際的、踏實的生意人，他們對計算土地範圍和倉庫貯藏量，要比任何事都來得有興趣，但這並不表示他們在穩定獲取財產之外沒有世界觀。

一個民族的世界觀雖然通常是靜默地存留在日常生意買賣和金錢的算計之中，但仍然可以從該文化的歷史、傳說和儀禮中尋得。如果研究正確，應能經由揭明烙印在人們心中的無形懼怕和渴望，了解此民族最深切關注的問題。蘇美的歷史從簡單的陶土字板上復活，擁有無法不影響現代讀者的閃亮光輝，提供我們機會隱約瞥見人類想像力的幼年期。

事實上，所有的陶土字板都有毀損，每篇故事都有破洞。但是許多故事存有數種版本（因此在一個版本中出現的破洞，有時可由另一版本的文句來塡補）、甚至保存在不同的語言之中，使得我們能夠重新組合——至少是局部的——那歷經許多世紀的變動之發展過程。至於蘇美人敘述故事之過程本身，我們或許多少要感激游牧的閃族部落。由於文盲的關係，他們有文盲無窮盡的、記憶故事的能力，並且有時靠著爲定居的人們說故事來謀生。這些故事，不論是出自流浪的吟遊詩人，或是出自城市居民的口傳歷史，最後被蘇美的文士們記載下來，他們盡可能的將這些沒有條理的題材，有秩序地加以歸類，因而產生了「書籍」

——事實上是一系列類似的文字陶板之組合。其中有連續性的敘述、有插曲式的故事，有時更是跨越世代之間的事件。

這些歸納有時太過於有條理。蘇美人對他們國王故事的歸類——所謂的國王名錄——對現代的歷史學家來說是毫無用處的。這些對各個執政者的簡略敘述，是依照對稱和數字學的原則來安排的，爲了使之順眼和悅耳，卻一點兒也沒有考慮到蘇美歷史中可能發生的事實。有些國王據說統治了數千年，有些則僅僅統治了數個世紀；新近的研究將這些名錄和其他上古記錄相比較，發現按先後順序列出的國王，事實上是同時代或幾乎同時代的鄰近蘇美城邦的統治者。

現代歷史學家的目的在蘇美確實是毫無意義的，因爲雖然蘇美人發明了文字——使得歷史成爲可能的工具——矛盾地，他們一點兒也沒有歷史感。眾城邦是由眾神祇在太古時期建立的；而且，是神祇賜給「黑頭民族」（他們如此自我稱呼）的蘇美人所有的工具、武器和優秀的發明（我們知道這些是他們的智慧產物）。對我們如此重要的字詞——「發展」和「進化」——在無時間觀念的蘇美文化中算不得什麼，他們的城市、土地、禽畜、犁具是一直都在那兒的。

甚至他們的故事也缺乏發展的感覺：它們由中間開始並且在中間結束。它們缺乏了那些我們認爲故事敘述應該有的屬性，也就是故事必須有個形式：開頭、中間和結尾。閱讀一本書或看一部電影，若看起來像毫無方向，我們會不耐煩地問：「主題在哪兒呢？」但是所有的蘇美故事都是冗長無聊的，有時聽來就像是小孩子喋喋不休地模仿從大孩子那兒聽來的笑話，不懂得其中需要有那麼一句一針見血的話。閱讀蘇美人的著作，現代的讀者時常有等待那一針見血語句的感覺。除此之外，古代蘇美的故事對我們來說是充滿樂趣的，原因在古色古香、稀奇，還有因爲我們能從偶爾出現的眞實反映裡，驚奇地瞥見我們自己的一些事：我們和這古老民族共有的形象或情感。

在當代想像力留下最深影響的蘇美作品是《吉爾伽美什史詩》（*Epic of Gilgamesh*）——一位傳奇英雄的故事，這位英雄可能是在接近主前第三千禧年中期興起，成爲烏魯克國王，故事發生所在的城市很可能便是文字的發明地。他可能有閃族血統，而非蘇美血統。至少根據一份聲名狼藉不可靠的帝王名錄的譯本——吉爾伽美什的父親路卡班達（**Lugalbanda**）（也是前任國王）「是個游牧民族」。如果眞是如此，那麼流浪的吟遊詩人更有理由慶祝他的勳績了；而吉爾伽美什的君王身分則代表早期游牧的閃族支派掠奪的權力。他們在千禧年的末期，在蘇美全國各地奪取權力，並且犧牲蘇美語言以建立他們的語言。蘇美語——尚未發現任何與之同語根的語言——在第二千禧年早期，被阿卡德語（或舊巴比倫語）取代。它原是美索不達米亞通行的語言，此後僅成爲飽學的作家們在寫作特別文件時採用的文學語言。但是新的閃族統治者不僅採用楔形文字，也天衣無縫地繼承了蘇美先輩們的神話和信仰。這也就是我們不僅可在蘇美語中，也可在阿卡德語及其他古老語言中找到吉爾伽美什的故事的原因。

這部史詩以對古代烏魯克的迷人描繪作爲開端；這詩人似乎像個導遊，爲首度來訪的觀光客介紹：

看那城牆，有如銅箍，
眺望那牒口，無與倫比，
跨越那來自太古的門檻，
走近伊施他爾（Ishtar）❶的家伊安那（Eanna），
這不是未來的君王或任何人能夠比並的！

登上烏魯克城牆走一走！
審視地基台並且細看那磚工！
證實那些磚塊都是烘培製成的，
那七位顧問必定曾經爲它奠立基礎！
一平方哩是城市，一平方哩是果園，一平方哩是陶土採掘場，
還有伊施他爾神殿的廣大土地。
三平方哩和廣大的土地構成了烏魯克。

這位詩人因他的城市之華麗和廣闊而驕傲是無可質疑的。烏魯克「來自太古」，由七位顧問奠下基礎，這七位顧問乃是爲黑頭人們帶來所有特殊技術和藝能，是使他們偉大的神祇。他們眞正偉大處完全在於來自「太古」和「不是未來的君王或任何人能夠比並的」。此類太古成就之一，是烏魯克在伊安那爲愛神兼戰神的伊施他爾所建的神殿。然後，好像是根據電影的拍攝腳本進行一樣，這詩人給我們他所建立的太古城市之影像後，邀請我們更進一步參觀它的眾多奇事中的一項，一份保存在蘇美最珍貴的字板材料上的秘密文件：

尋找那銅板盒，
解開青銅鎖，
打開門前往秘密；
拿出琉璃板，閱覽，
那人的故事，經歷所有苦難的吉爾伽美什。
他比其他君主優秀，是能幹的勇士國王，
出生於烏魯克的英雄，尖角獠牙的野牛。
他是在前方行進的領袖，
他是在後方支援弟兄們的樑柱，
他是強網，保護他的子民，
激猛的浪濤，甚至可以摧毀石牆。
路卡班達之子，吉爾伽美什，擁有完美的力量，
巨牛之子，野牛寧珊（Ninsun）。
他是吉爾伽美什，莊嚴完美，
是開闢山林徑道的人，

甚至能夠在山崖挖坑掘土，

他跨越海洋，廣闊的海面，遠至太陽升起之處。

半人半神的吉爾伽美什（因爲其母是野牛女神寧珊），具有神話人物所有的適當屬性——野牛般地勇猛，波浪般地強壯——但是也具有你們那現實的蘇美商人所重視的實用技術：他是優秀的工程師、無與倫比的航海者。這種勝利的綜合品質暗示我們，吉爾伽美什的故事是長期發展和成熟的結果。它很可能在遙不可及的昔日便已興起——早在書寫、甚至早在農業之前——沒有任何考古學家能夠再度捕捉它。但它已像製造陶器般被一再旋轉，並經由一連串眾人之手加以精緻地修飾：首先是史前的人，然後是蘇美人，再來是閃族人。

以上引述的文句來自第一號文板（**Tablet I**）沒有破損的部分。但是現在我必須由這個文字板的另一處引述，以便讓讀者對作爲一個翻譯者所面臨的困難有較清楚的概念。這些段落也提到即使是在威嚴氣派的烏魯克，吉爾伽美什的作爲是有些過度：

他會在烏魯克的牧羊場四處遊蕩，

為了顯示自己的尊貴，他腦袋高抬像條野牛。
在他的警覺（At his pukku）下，他沒有敵手
他的武器將會高舉，他的夥伴們必需起身。
烏魯克的青年們，在他們個人的〔營帳（?）〕裡變成沮喪的。
吉爾伽美什不放過任何父親的兒子。
白日和黑夜，他的〔行為（?）〕是傲慢的……。
他是烏魯克牧羊場的牧人，
他是他們的牧人，尚且〔　〕
有權威的，優秀的，飽學的，〔而且老練〕，
吉爾伽美什不會留下年輕女孩〔獨處〕，
勇士們的女兒們，青年們的新娘。

「At his pukku」或許是「警覺」或「豎立」的意思，或者可能是指一種與生殖力有關並且在婚禮舉行的曲棍球遊戲。翻譯者的中括號〔〕表示文字板的破損或不清楚處。青年們或許在他們的個人營帳中，或他們的個人思緒中，變成沮喪的——我們無法確定。但是

除了空隙和無法翻譯的文字以外，我們可以相當肯定吉爾伽美什令人討厭，他恐嚇男孩們，又和女孩們同床。而這似乎被蘇美人看成是偉大的必然衍生物。我們可由其他的文字板得知，蘇美人的社會是極富競爭性的，並且蘇美人是最糟糕的自鳴得意者。歷代君王們毫無抑制地沈醉於不斷的自誇。市民間的爭論往往得經由法庭判決來解決，這類「判決書」出現在很多的字板文集裡，是最普遍的文學形式之一。另一種蘇美人感到特別有趣的普遍文學形式是「論戰」，一種在敵對的雙方之間奇特的公開爭論——例如，兩個男生爭論誰是比較優秀的學生（充滿「笨蛋」、「傻瓜」、「文盲」和「饒舌的人」這類字眼的爭論）；又如向同一位女神請求的兩個請願者之間的爭論；甚至爭論銅和銀、夏季和冬季。這是個充滿爭論和侵略性的社會，在這裡「好」人——合乎理想的人——被想像成是極具野心的，受世俗名望、勝利、成功的驅策鼓舞，而忽略了我們所認爲的道德標準。這同時也是個藐視貧窮的社會。

烏魯克的人即使對吉爾伽美什感到無上的驕傲，多多少少都需要某種程度的解脫，因此他們向神祇們，尤其是宇宙之母「偉大的阿魯魯」（great Aruru）苦苦抱怨：

「是〔阿魯魯（？）〕創造出如此猖獗猛烈的野牛嗎？

難道沒有任何對手嗎？……

你，阿魯魯，你創造了「人類（？）」！

現在爲他創造某個人，來與（？）熱烈（？）精力相較量！

讓他們成爲經常的對手，並且讓烏魯克享有平和！」

因此阿魯魯創造了「在她之中的阿努的消息（word of Anu）」的父性之神。然後，她洗手不幹，「捏取下一塊黏土，將它丟棄在曠野」，在那裡它變成「勇士恩奇度（Enkidu），是寂靜的子孫，以及寧烏塔的天界脫逃者」：

他的全身佈滿毛髮，像女人一樣有著密厚的頭髮，

他的頭髮像穀物般地生長繁茂。

他不認人或地區；他的穿著和牛群一樣。

他與瞪羚一同嚼食植物，

他與牛群一起在水源地飲水止渴。

與野獸一起，滿足了他對水的需求。

恩奇度這位終極的「自然人」，和動物（而非人類）比較能夠相處，攪亂了當地獵人使用的策略，其中的一位向吉爾伽美什投訴獵人的怨言：

「我太害怕，不敢靠近他。
他總是將我挖掘的土炕填滿〔　〕，
他總是將我設下的圈套撤掉。
他總是幫助牛群、曠野的野獸，從我的掌握中脫逃。」

吉爾伽美什的解決方法是驚人的：

「去吧，獵人，將妓女珊海特（Shamhat）帶去，
當他在水源地接近牛群時，
她必須褪去衣物，顯露魅力。
他會看見而向她走近。
然後和他一起在曠野長成的牛群，將會變成他的異類。」

獵人照著吉爾伽美什的話去做，帶著珊海特到水源地；當「由曠野深處而來的凶惡青年」恩奇度來與野獸一起飲水時：

珊海特鬆開她的內衣，打開雙腿；他注意到她的魅力。
她並沒有撤身離開。她處於他的上風，
敞開她的衣物，讓他躺在她的身上。
她為他這原始人所做的，就如同女人所做的事。
他盡情地在她的身上求愛調情。
六天和七夜，恩奇度情慾熱烈、將自己注入珊海特。
在他飽嚐她的魅力後，
他轉臉去看他在曠野上的牛群。
瞪羚們看見恩奇度就害怕，
曠野上的牛群與他的身體保持距離。
因為恩奇度變光滑；他的身體太乾淨。
他那以往用來與他的牛群齊步前進的雙腿，佇立不動。

恩奇度被削弱了，不能再像以前那樣奔跑。

但是他已獲得判斷力（？），他已成爲比較有智慧的。

驚愕於這個轉變，恩奇度回到妓女處想了解這一切轉變的原因。她告訴他，他已經「變成像個神」，並且勸說他現在的適當住所是在烏魯克：

「在那裡吉爾伽美什的力量是完美的，
像是野牛，比（任何）人都有力。」
她對他說話，她的說詞是合他心意的。
知道他自己（現在）❷的心思，他想尋求朋友。

當然，恩奇度「尋找朋友」的方式是不尋常的：

「讓我向他挑戰，並且〔　〕
（這樣說道：）『在烏魯克我應該是最強壯的！』

我應該前去並且改變命運：

出生在曠野的我具有〔更優越的（？）〕力量！」

但是，經由母親寧珊的詮釋，吉爾伽美什早就被具象徵性的夢，警告了恩奇度即將到來的事：

「……一個強壯的夥伴將來到你的面前，一個可以拯救朋友生命的人，

他將是在地面上臂力最強的人。

他的力量會像阿努的天界脫逃者那樣強壯。

你會像愛妻子般地愛他，你會溺愛他。

〔而他會永遠〕保守你的安全（？）。」

珊海特知道吉爾伽美什所作的夢及其詮釋，並且將之告訴恩奇度，她下結論道：

「〔這些夢表示你們會〕互相愛〔護〕。」

繼續記載這故事的第二號文字板（Tablet II）充滿了空隙，但很清楚的是，恩奇度在抵達烏魯克時，的確曾向吉爾伽美什挑戰，並且他們曾經「肉搏」：

> 在街道上，在公眾廣場中摔角扭鬥。
> 門框震動，牆壁晃搖。

然後，在寧珊的干涉之下，流淚的吉爾伽美什發佈演說。由於目前文字板的毀損狀態，大部分的內容已無法明瞭。但是：

> 恩奇度佇足，聆聽他說話，
> 沈思，然後坐下，開始哭泣。
> 他的眼睛因淚水而變暗。
> 他的雙臂變弱，他的力量〔（ ）〕
> （然後）他們互相緊握，
> 擁抱和握（？）手。

因爲文字的缺漏，這段有關去世已久的人之奇譚，顯得更加神秘了。但有幾件事是很清楚的：正如銅器和石器時代的所有勇士社會中一樣，最受珍視的人際關係是男性之間的（並且，無論這類關係是否爲積極的性愛，必然被認爲是同性戀——也就是，同樣性別的）；由於與女人性交多少被視爲是文明的，亦即反動物化的，使得男人準備妥當以面對城市生活——由於他與珊海特的相遇，恩奇度與自然疏遠，並且爲進入烏魯克做好了準備❸。至於珊海特的賣淫，她顯然不是個平凡的妓女：她被賜予極多的尊貴，成爲國王的夢、還有國王與母親最親密的談話的一部分。最有可能的是，她是向神獻身的妓女群中的一員，爲崇拜眾神中的一位神祇而獻身，並且在神殿圍牆內儀式性地（而且時常地）被祭司長凌辱。同樣地，從重複用來形容恩奇度的綽號——「阿努的消息」、「寧烏塔的天界脫逃者」、「斧」——看來，就如翻譯家達利（Stephanie Dalley）的巧妙說明：「是——特別是在烏魯克——用來指性愛嗜好不明確的、與伊施他爾的信仰有關的人士的雙關語。」換句話說，向神獻身的男娼。

吉爾伽美什和恩奇度現在成爲堅固的朋友，他們之間比丈夫和妻子的關係更緊密，在誓言至死保護對方之後，出發去殺一隻怪異、臉孔像盤捲的腸子的怪獸宏巴巴（Humbaba）：

……牠的吼叫是洪水般的武器，聲音是火焰，氣息是死亡，穿過（？）森林的……，牠的聽力可遠及六十里格（league）的距離，因此有誰能夠侵入牠的森林？

但是，強有力的勇士吉爾伽美什低聲地說：

「握著我的手，我的朋友，讓我們就此出發！
你的心不久將要因衝突而燃燒（？）；忘卻死亡並且〔只想著〕生命（？）。
男人是強壯的，是準備戰鬥的，是負責任的。
他走在前方（並且）保衛他（朋友的）身體，他應保衛同伴的安全。
他們應該已爲他們的〔未來（？）〕建立名聲。」

藉著恩奇度的協助，吉爾伽美什將怪獸殺死——非常骯髒的工作——之後，這位君王將自己清洗乾淨、穿上衣袍、繫上「有男子氣概的腰帶」、戴上王冠。由於他的堂皇外表，他吸引了伊施他爾這位掌持愛情和戰爭的女神的注意：

「來到我這裡，吉爾伽美什，做我的愛人！
將你的子孫贈與我作爲禮物！
你應做我的丈夫，而我可成爲你的妻子。」

但是吉爾伽美什知道，這位女神曾經有過許多的伴侶，而他們最後都被她拋棄。「哪個人能作你永遠的愛人？」吉爾伽美什問道。

「你有哪位能幹的情夫是到天堂去的？
來，讓我將你的愛人們（描繪（？））給你聽！」

於是吉爾伽美什將伊施他爾的眾多情夫和他們在她手中的悲哀命運（究竟，她是掌持愛情和戰爭的女神）編成目錄，最先是牧羊人度母希（Dumuzi）——一位令吉爾伽美什感到與他情況相似的人：

「對於你年少時的愛人度母希

你注定他要年復一年地流淚不止。」

度母希，蘇美神話中偉大的垂死之神（dying god）——就如埃及的奧西里斯（Osiris）、希臘的阿多尼斯（Adonis），以及許多其他的神——是一般人特別喜愛的，這些人將季節的變化輪迴視爲他的年度性死亡（他的「年復一年的流淚」）和復活。對於他的命運，他們是如此的感動，以至於在冬季的下雨期間會坐下來爲他哭泣。就如許多在其他古代社會中的君王一樣，當時蘇美的君王們，設想是爲某位女神的配偶週期性地被犧牲以確保女神的生殖力，度母希的故事或許很可能就是這類故事的褪色的記憶罷。

吉爾伽美什編寫伊施他爾的情夫目錄，便以一個類似於度母希的故事作爲結尾，主角是另一股生產力，栽培之神（garden god）伊蘇拉努（Ishullanu），蘇美城市的美麗景色大都歸功於他的創造力：

「你曾喜愛伊蘇拉努，你父親的園丁，
他總是爲你帶來一筐筐的棗子。
這些棗子每天使你的桌上生輝；

你抬起眼睛看他並且走向他：

『我的伊蘇拉努，讓我們共享你的力量，

伸出你的手，觸摸我們的陰户！』

但是伊蘇拉努對你說：

『我？你想從我這裡得到什麼？

難道我的母親沒有爲我烘焙，而我沒得吃嗎？

我（與你）所吃的都會是成堆的不名譽和恥辱，

忙碌會是我抵抗冷漠的唯一掩護。』

你聽著他說這些話，

你打他，把他變成青蛙（？），

將他留在他勞力得來的果實之間。

但是長竿（？）不能再撐高，〔他的水桶〕不能再低落❹。

而我又是如何呢？你會愛我然後〔對待我〕就像對待他們一樣！」

伊施他爾對吉爾伽美什大爲惱怒，因爲他「對著我述說我的不名譽和恥辱」，她升上天說服父神遣派天牛下來，要摧毀吉爾伽美什。但是吉爾伽美什和恩奇度聯手克服了無敵的天牛，將牠宰割。由於這項不虔誠的行爲，這兩個朋友之間的一人必須死亡，而恩奇度是天堂議院選定該死的人。爲什麼是恩奇度呢？文字板上的文章常常重複，而且常常是漫談式的（從我簡潔的摘要裡，其漫談的特質已經顯而易見了，原文更是漫無邊際），至此卻變成平凡無奇地簡單和輕描淡寫。但這可能暗示著吉爾伽美什扭轉了眾神不懷好意的注意力，因爲他有一位專屬的守護神——他死去的父親路卡班達。吉爾伽美什塗油聖化、紀念他父親的活動偶像，而且將天牛巨大的牛角這個戰利品奉獻在偶像之前，以光輝亮麗的「三十麥納（mina）的天青石」裝飾，並且用「兩麥納的金子」作護套。這種對祖先或其他的家族神祇的尊敬，以小型肖像表示他們之存在，是許多古代社會中的儀禮。

恩奇度死時，吉爾伽美什高唱哀悼的悲歌，其委婉悲淒的程度遠超過我們認爲最早的人類文明所能夠達到的。它懇求所有住在烏魯克城市裡的各種人、野獸、甚至樹木，都爲之掉淚。因而將恩奇度提升至與度母希類似的、令人憐憫喜愛的地位（甚至，在某種程度上和度母希完全相同）。吉爾伽美什以這種姿態作結束，和許多世紀之後的《伊里亞德》（*Iliad*）中，阿奇里斯（Achilles）面對他的軍旅夥伴巴特羅克拉斯（Patroclus）的死亡是一樣的：

「轉向我，你呀！你沒有在聽我說話！

但是他不能夠抬起他的頭。

我觸摸他的心臟，它卻一點兒也不跳動。」

吉爾伽美什伏在恩奇度的屍身哭泣了六天七夜，直到「屍蟲從他的鼻子裡掉出來」，才讓人將恩奇度埋葬。

像所有死去的人，恩奇度已下到庫爾（Kur）——一個在河流遠處黑暗的、陰鬱的、沒有喜樂的地方。那裡的一位渡船夫——就像後來希臘神話海地斯（Hades，冥府）裡的查倫（Charon）一樣——載渡赤裸和衰弱的死者靈魂到他們最終的巢窟，在那裡害蟲惡獸吃〔他們〕就像吃舊毯子一樣。人在那兒是「坐在充滿灰塵的裂縫中」（這個景象與中古世紀畫家們描繪的地獄並無不同之處）。吉爾伽美什決心要取得長生不死的秘方，以避免面對一般人終究要面對的命運。但是只有一個凡人曾被應允長生不死：烏特—拿比施廷（Ut-napishtim）。這位蘇美神話中的人物就是後來聖經故事中的挪亞（Noah）之範本。當眾神決定要消滅人類時，發現他道德高尚，足以給予他神聖的指點，在原始時代世界性洪水中建造一艘方舟，拯救他的家人和所有各類生物的生還者。

在遭到毒蠍人包圍的可怕經歷後，「他的氣息是恐怖的，他的眼神是死亡」，偉大的吉爾伽美什成功地找到一位啤酒店女老闆，她能夠指示他達到迪爾門（Dilmun）樂園。在這樂園裡「烏特—拿比施廷和他的婦人好像神一樣」永遠活著。但是在一個保存特別良好的版本中，啤酒店的女老闆提出她自己的一番聖明的勸告：

「吉爾伽美什，你在哪裡徘徊？
你不會找到你所追尋的永生的。
當眾神創造人類時
他們爲人類揀選了死亡，
而將永生留在他們自己手中。
所以，吉爾伽美什，讓你的胃飽脹，
讓你自己在各方面日夜享受，
每日安排樂趣。
日以繼夜，跳舞和嬉戲，
穿清潔的衣裳。

持續清洗你的頭，在水中沐浴，

珍惜牽著你的手的孩兒，

讓你的妻子在你的膝上享受快樂。」

與「石頭之物」戰鬥後，吉爾伽美什終於找到「非常冷淡的」烏特—拿比施廷；而這位蘇美的挪亞對他提出更爲率直的勸告：

「你〔爲什麼（？）〕如此努力？你達成了什麼（？）？

由於缺乏睡眠，你使你自己疲倦，

你只以悲痛來填充你的肉體，

你只是把未來（報應）的日子帶近一些。

人類的聲望，像蘆葦圃中的蘆葦般被砍下。

美好的青年，美好的少女，

死亡的〔　〕。

沒有人看見死亡，

沒有人看見死亡的面目，
沒有人聽見死亡的聲音。
殘忍的死亡就是要將人類砍倒。
有時我們建造房屋，有時我們搭築窩巢，
但是兄弟們因繼承財產而將它分割。
有時〔在土地中〕存有敵意，
但是河水高漲並且帶來洪水。
蜻蜓在河上漂流，
牠們的臉看著太陽的臉，
（但是）突然間那兒什麼也沒有。
睡著的（？）和死去的彼此相像，
死亡的景象無法描繪……
阿努那奇（Anunnaki），偉大的眾神，聚集一處；……
他們指派了死亡和生命。
他們沒有爲死亡預定日子，

但是他們爲生命作了如此的安排。」

從這些冷靜的話語看來（它們組成這首史詩的主要訓示），我們脫離了吉爾伽美什的故事，但也不無從閱讀中得到某些結論。雖然不經心的讀者可能很容易地辨視出某些蘇美人的特質——例如喜愛發明、崇拜那些厚臉皮競爭的人們——就像那些我們的社會重視的品質一樣，如果未能注意這些品質在古代環境裡扮演的角色是如何地不同，那麼你便錯過了許多。發明創造是眾神的特性——好比人類是被創造來做爲眾神的僕役、供應鎮定祂們的犧牲祭品。對蘇美眾城邦而言，像吉爾伽美什這類偉大勇士君王們的侵略、勇士間的緊密團結關係是極有必要的。雖然他們屬於單一的、整體的文化，彼此間卻時時爭戰不已，就是後來的希臘各城邦，也總是運用手段爭奪利益。不過對於城市或勇士來說，天下沒有永遠的勝利，即使神祇之間也時有紛爭；吉爾伽美什能夠不顧忿怒的伊施他爾的願望而存活下來，很可能是因爲他受到兩位神的保護：身爲他的母親的聰慧野牛，和他已被奉爲神的父親路卡班達。但是有誰能預知什麼時候會冒犯眾神中的一位而招來不幸？而且，就算你能脫逃這樣的命運，快樂的終點——死亡——還是無人能夠逃避的。

在《吉爾伽美什史詩》的註解中，有一些模糊的共鳴；這在希伯來聖經的早期著作

——以色列史詩中，似乎更爲有力和有連貫性。雖然這些希伯來著作在此時之後、在不同的地點寫成，但都是從此時此地發展出來的。其中最強的一點共鳴，是原始時代洪水和拯救殘生的方舟❺。在迪爾門樂園中成爲「像神一樣」的烏特—拿比施廷和他的妻子，或者也會令我們聯想到亞當和夏娃。他們期望變成「像神一樣」，促使他們從名爲「伊甸」（Eden）的花園中被驅逐出來——「伊甸」這個名字可能是從蘇美語借來的。而珊海特向恩奇度一再保證，他的人性化使他更「像神」，提醒了我們聖經《創世記》裡的聲明：人類不同於動物，是「依照神的形象」而創造的。恩奇度的出現，如同《創世記》中的創造一樣，恩奇度是由父神的話語創造的，並且像亞當一樣，是由黏土雕塑成的。

我們或許能從這些最古老的記錄中領悟出在我們聖經裡的較模糊的共鳴，是伊施他爾使用的、與聖經《雅歌》使用的語言不無相似的愛的語言。「天堂的議院」則提醒我們許多聖經裡的措詞，這些用語顯示出上帝似乎會諮詢其他的神聖或天使們，而且天堂被想像成莊嚴的法庭。對死者國度的描述，不但令我們想起希臘的海地斯，也讓我們聯想到猶太的蘇奧（Sheol，陰司）。滿漲的洪水被形容爲從圍繞著天堂和地土的原始渾沌中升起；全宇宙由眾神設計的說法，從某種角度來看，非常類似於《創世記》開端所記載的神在天地渾沌中創造的情況。阿特—拿比施廷和啤酒店女老闆世故的勸告，必定促使我們想起聖經的智慧之書，尤其是帶著譏誚和厭世語調的《傳道書》。

有一個專屬於吉爾伽美什、在聖經各章無從尋得的主題是繁殖力——或者，不如說，由於它的音質是如此的不同，以至於無從辨認。伊施他爾的神殿在烏魯克山崗上威嚴高聳，宗教的性儀式包含妓女和男娼的訓令，回歸到比烏魯克還要古老的世界去——視人類交配爲宇宙天地之世間化的表徵、眾神創造出的偉大生殖機制，而具有高度性慾的眾神本身，是這一切創造的原型。

我們已經觀察過烏魯克，這個在炙熱的地中海陽光下自幼發拉底河岸升起的用燒製磚建造的城市。我們也已想像了它的社會，並且聆聽了一些曾是那時的主要娛樂的、反覆傳頌的故事。現在讓我們對蘇美人的心理做最深入的探究——探求將這個社會凝聚一起的最終信念，以及造成蘇美人世界觀的精神母體。矛盾的是，爲了做更深一層的探究，我們必須要往更高處攀爬。因爲我們必須攀登高聳的階梯，進入偉大的神殿，眺望另一個蘇美城市的高處——月神廟。這裡是烏爾（Ur）的城堡、古代蘇美的堂皇首都。當我們向這奧秘的中心行進之際，我們需要對這地點提出一些基本的問題。

爲什麼所有早期的神殿和神聖場所都聳立在建造者能到達的最高峰？因爲這是最接近

上天的地點。又爲什麼最神聖的地點最接近上天呢？因爲上天是地上生命的神聖對照，是所有永生的泉源，和地上凡人有限的生命相反。當原始人類抬頭仰望天空時，他看見一大群成行成列的神聖人物整齊劃一地在他眼前經過——宇宙劇碼的永恆秩序和可預知性令人吃驚。這是凡人生命的永恆原形和模範；但是一個大鴻溝將這兩個領域分隔開了。因爲在天上的生命、眾神的生命是不朽和長存的，在地上的生命卻是會毀滅的，並以死亡作結束。對於最早期的人類而言——他們是以理解的態度仰視天上戲劇的最早生物，這些見識不需要半點理由和討論；它們是直截了當而且明顯的、不辨自明的事實。這個對天的冥想是原始的宗教經驗。根據優秀的現代宗教學者伊里亞德（Mircea Eliade）的說法：「『冥想蒼穹』一詞用在原始人身上（他們對每日的奇蹟有令我們難以想像的敏銳感受），的確具有某些眞意。這種沈思冥想和天啓是相同的。上天顯現它的眞實面：無限的、無與倫比的。蒼穹是遠勝於其他任何事、『非常不同於』人和他的生命期限這類小事的。它的超絕性象徵，出自於簡單地了解它無限的高度。『最高』很自然地變成神性的象徵。超乎人類所能達到的、多星的區域，被賦與了超越經驗的、絕對眞實的、永存不朽的神聖莊嚴。這樣的領域是神祇的居所；某些有特權的人們（例如路卡班達），由於儀式的效力，得到了升入天堂的結果。……這『高處』不是一般人能達到的；它理所當然屬於超人力和超人類；當一個人經由儀式登上聖域的台階、或通往天上的儀禮階梯，他便不再是個人了。」

我們繼續向著聖域攀爬，建造我們所踩踏的階梯的人們之原始世界觀就變得越來越明顯。蘇美人的宇宙論是根據他們的前人之認知而來的，現在看來是無可救藥的古老；而且，一直到現代的開端時期，它被幾乎所有蘇美人之後的社會像事實般地接受，只有些許的調整。地面是個扁平的圓形，它的圓周連接著天的圓頂。在地面和上天之間的是空氣這種元素，在空氣中，星體在地面居民的眼前高高懸掛，是天空戲劇的圖象投射，當然也是地上生命的前兆、天上戲劇的微弱模仿。在圓形地面下方的是死亡的領域——海地斯、蘇奧這些死者被送進去的陰暗地獄——圍繞著天地四周的渾沌之海的底層，每一下雨就會引起洪水。這些偉大的構成要素，每一個都是神祇：上天是父親；土地是母親；空氣，包含著永恆卻不停旋轉的宇宙戲劇影像，以及我們地面上生命的線索（爲具洞察力的詮釋者準備的），是上天和土地之間的協調者，因此是蘇美眾神之中最重要的一位；海則是理所當然的一個不可預測和多事的同盟體，需要小心對付。

但是讓我們向月的神聖領域接近，沒有任何其他現象比夜空的神秘更使古代人們著迷的。即使是今日，世界上任何城市裡的警員都會告訴你：犯罪率在月滿時期增高，「精神異常者」——那些受月亮（拉丁文 luna）影響而精神錯亂的人——也比較活躍而麻煩。助產士和獸醫們相信滿月會誘發分娩，甚至在最現實的城市裡，在滿月的夜晚，醫院的產房就像鄉間小村莊的牛舍一樣，充滿著辛苦生產下一代的母親們。當夜空中的偉大形體將它靈妙的光投射在滔滔的水上時，沒有人能否認月亮對海洋潮汐造成影響的威力。

我們攀登過最後幾步台階，經過鑲嵌著閃亮琉璃眼睛的蟒蛇雕像，來到了入口處。我們穿越石柱林立的前庭，進入中庭，在那裡，我們可以透過一系列的拱道，朦朧地看見月神的遙遠形象，在眾多的許願火焰中閃爍。中庭的圍牆上有紅色、黑色和黃褐色的圓錐形裝飾，造出精確的幾何圖形——三角形、菱形、鋸齒形，還有螺旋形。終於，我們進入蘇美月神南那辛（Nanna-Sin）的神殿，冷冷的雕像在我們的頭頂上方朦朧浮現，姿態僵直，有著巨大的眼睛，多彩的瞳孔空虛地燃燒著。雕像後面的牆上畫著巨大的月亮，被一條滑溜的蛇圍繞著。在月亮的球體中，一隻巨大的黑蜘蛛開展著牠細長的腳。當我們的鼻孔吸入那濃厚的薰香時，我們的耳朵探測到一陣嘶嘶聲：圍繞在南那辛腳旁的數條大蟒蛇，身上有黑色和橘色的菱形鮮明圖案，緩緩地盤捲和伸開牠們多鱗的身體。一陣在我們面前的嘈雜活動，將我們的注意力從南那辛的僵硬容貌轉移開來，那裡有一大群蒼蠅圍繞著一個與腰同高、燒磚砌造的樸素祭壇，最大的蟒蛇正在壇上吞食驢胎兒，胎兒的鮮血像小河般沿著挖掘整齊的排水溝流下，到祭壇底部的聚盆裡。由於暖血和內臟的氣味 混合著令人窒息的薰香，我們不知不覺地向後退，回到中庭，渴望得到一些空氣。

然而今晚是月滿之夜；當黑暗快速降臨而月亮高升天時，我們聽見數百位女祭司的聲音，含糊吟頌並且吹奏原始的笛和鼓。她們穿著精緻的禮服，莊嚴地聚集在神殿所在高地的四周，仰望神殿之後的台階式金字塔。那金字塔幾乎是違背幾何原理地向上斜升，（看來）幾乎到達了天空。在這個廟塔（這是台階式金字塔的名稱）的最高台面上，有個小而鮮明的琉璃祭壇，雕著怪誕的蛇類和大蜘蛛。一個青春期的男孩被仰綁在祭壇上。雖然他的身體上畫了比擬眼鏡蛇的菱形和鋸齒形圖案，他是渾身赤裸的。除了她們佩戴的特別指環和螺旋形手鐲之外，最高等級的女祭司們也是赤裸的，她們以溫柔的性前愛撫按摩著男孩。當月光照明他腫脹的下體時，女總祭司不知道從什麼地方出現了，並且脫去她身上穿的銀色袍子。除了裝飾身體的無數珍珠和畫在雙乳上的螺旋圖形外，現在是全身赤裸的女總祭司，在眾姊妹的扶助下，騎坐在男孩的身上。她們的尖聲鼓舞，在總祭司騎上男孩時，更加地顯得狂亂高昂，最先有著節奏性的尊嚴，然後是漸增的興奮，直到她身上的珍珠像許多的微小星球般地在月光下顫動、菱形和螺旋形閃閃發光，兩人在汗水中扭曲的身體，顯得不像是活在這世上的軀體，反而像宇宙中的非人力量。所有的女祭司們，最低等級者仍然留在廟塔底部的高地上，等級較高者，則依等級排列在廟塔的高大台階上，她們都表現得越來越狂野和入迷忘形。扯開她們的衣袍，粗魯地撫弄自己，她們朝上向著廟塔高處的活動，和空中的月亮吠叫。

在這樣的情景下，從另一個時間和地點來的不受注意的訪客們，很可能會感到頭暈眼花要昏倒了。讓我們假設，在我們的精神恢復正常時，我們是單獨地站在被滿月的矇朧光照亮的高地上。我們朝上看那頂著鮮藍色空祭壇的廟塔，懷疑這一切是否都出自我們的想像。

我剛才嘗試的是個重新建構的描寫，任何學者都會在這種描寫的某些細節上犯錯。蘇美人的神殿和廟塔經過數個千禧年的磨損之後，殘缺的程度比文字板更糟；但是取一個神聖場所的殘存部分與另外一個殘存部分相併合，我想我已相當正確地描述了可能存在的月神廟和伴隨它的廟塔。至於滿月的儀式，我們對它的詳細情況知道得實在不多，但是我們知道，這些慶祝月的盈虧現象的儀式遍行於蘇美全境，而且很嚴肅認眞地執行。我們同時也知道，這種月祭通常以蘇美的首都烏爾爲中心（雖然首都會隨著不同時期、不同城市居主要地位而移轉）。我們還知道神聖的結合（或「密切的結合」）是蘇美的主要儀禮，他們有獻身給神的男性和女性娼妓祭司，而且在神廟裡的獻祭者（或總祭司）和隨行人員的性別總是與廟中崇奉的神相對。蘇美的月神南那辛是男性，因此在其廟中的祭司都是女性。

在烏魯克，操守不堅的女愛神伊施他爾特別為人們所崇拜，其廟中的祭司都是男性，而且國王本身（度母希的替身）在每個新年也都要和一位獻神的女性娼妓或祭司（伊施他爾的替身）性交，以確保國家在播種、成長和收穫各季節期間的豐饒。對於這個儀式，城裡的所有官員都密集林立地觀看見證。我們無法斷言，祭月的神秘儀式是否是公開的（對城邦中的全部人口公開），或半秘密的（如我所描述的），或是極度隱秘的。但是我們也沒有理由認為蘇美人羞於啓齒性交之事；他們喜歡想像水神恩奇（Enki）向底格里斯河放射液體時，是自由奔放、巨大勃起，而且很有可能我描述的儀禮實際上更是飲酒狂歡，並且包含眾多的性結合，以及大群的男性和女性。我眞正想要了解更多的是被凌辱的娼妓：這是他／她與生俱來的命運，或者是身為戰役俘虜的結果？在儀式活動之後，他／她是否成為永久的神廟祭司人員，或者像動物般地犧牲——如同烏魯克國王他自己可能曾經（至少在最早期）儀式地模仿那生長之神度母希？我們眞的一無所知；但是我們確知的是，對蘇美人來說，以人作犧牲並不是什麼不可思議的事情，因為在考古學家們曾經挖掘出土的死去國王的墓室中，他們的全部家族、家屬和隨行人員都是一起埋葬的。

如果我們能夠像在史蒂芬・史匹柏（Steven Speilberg）電影中的角色們一樣，退回到古代的蘇美時期，我們先會發覺這個文化是吸引人的，甚至是令人高興的，但是繼之而來的感覺是疏遠甚且厭惡的，而最終是令人害怕甚至是危險的。人類生命被視為天上永恆生命慘淡的再演出，由那超越人類可憐有限的力量之命運操縱是由眾神祇決定的。在天上的神聖形象們，如果由那些曾接觸秘密的神職知識和那些由社會供養的人們作正確的傳譯，將可對下一步會發生的人間事給些指示。但是個人的命運寫在星辰上，不能更改。

沒有任何天上的神聖形象比月亮更為重要。它是人間生命的天國影像，就和我們一樣，產生、增大圓滿、虧缺衰弱，然後死亡、回歸到新生，就如同人間領域裡發生的一樣。但我是不會回歸的，我會嗎？這個問題在蘇美是沒有什麼意義的。雖然他們的偉大英雄吉爾伽美什試著為潛在這問題背面的痛苦尋找答案。蘇美沒有循環輪迴的個人，只有天上模範、模型和範例在地上的暫時形象，這也是蘇美故事中的平板角色，很少顯示個性的原因。無疑的，我不會比穀物更多些循環回歸。但是田間的穀物會再生長，人類的生命亦復如是。這是獻身的娼妓、儀禮的受害者，看來如此地容易處置，而我們對他們或他們的命運了解得不多的原因。他們有什麼重要呢？被挑選來扮演天上戲劇的地上角色，是他們的崇高榮譽。像伊施他爾的性愛伴侶們，他們發揮了他們的用途。

早在蘇美諸城在底格里斯河和幼發拉底河流域發跡之前，早在農耕和畜牧被想到之前，最早期地上的人類以注意力和才智仰視天空，便已有這些想法。認知地上的暫時生命是天上永恆生命的瞬間反映，洞悉月亮特別地反映了我們人間的生育、交配和個人死亡——以及物種的再生——這類想法表達了人類原始的宗教經驗，並且成爲世界上所有最古老的宗教基礎。

某些史前文化視月亮爲女性，另外一些文化則視月亮爲男性，但它總是與女性的身體有密切的關連，她們有如月亮，經由每個月的週期循環而發展；而且這些是生育力的週期循環，像地球本身的週期循環，許多文化相信地球和月亮由同樣的物質造成，甚至認爲地球是月亮的孩子❻。

爲了要察知史前的世界觀，我們必須從無限的天空開始，以及那不可抗拒的印象，認爲它一再重現的戲劇在原始人類身上造成巨大影響，尤其是在最黑暗夜裡的夢幻時期（如伊里亞德所稱的「精神智力的夜間領域」）。他們徘徊在人口稀疏卻充滿他種生命（每天都提醒人們死亡和再生之課題）的地球上，如此的一個地球，顯然與難以到達而且無限的天堂成雙成對。他們智力所見是如此不辨自明地一致：婦人們很像月亮，兩者也都很像地球；但是婦人們會出生和死亡，月亮卻永久存留。因此，月亮是易變性的永恆形象，一個「客觀存在的」典範。同樣地，其他每個天體——太陽、眾星座、恆久的星球——提供給我們易腐的地球生命一些不朽的模範。地球上有不同的季節、可預期的死亡和再生。高高在上的天堂是父神的領域，它的雨像精液般豐饒了土地。但不同於天堂之為永恆的領域，地球是死亡的領域，不是典型而是人生的範例。如同所有的生物從腐朽中長出；如同所有未來的生命必須以犧牲現有的生命為開始；如果麥穀要成長，種籽必須死亡；並且，所有在地上的生命必須以死亡作結束。

原始人類對他們詮釋事實之正確性具有絕對的信心，我們或許會認為這種態度是天眞愚直的；但是我們不應忘記，他們所具有的對應感可以在隱喻中尋得（例如像「蒼穹」這種詩樣的語詞）。再者隱喻是所有語言和思想的基礎，也是所有宗教的基礎。語言幾乎肯定是始於隱喻的企圖——可能始於人類嘗試模仿某些聲音。舉例來說，「媽媽」的聲音被所有語言用來表示「母親」，是源自模仿嬰兒吸吮母乳時發出的聲音。在我們每個人的心靈深處，仍然存著尋求同感的渴望——這基本上是要領會出我們是宇宙一份子時必需做的。這正是在我們心靈深處有某樣東西自動自發地地對隱喻（所有詩詞，以及所有的語言和意義的精髓）有反應的原因。當我們意外地聽見像「月亮的銀蘋果，太陽的金蘋果」，或「我的愛情像鮮紅、鮮紅的玫瑰」這樣的詞語時，我們會感受到明顯的人類之激蕩，一種聽到最強烈語言的悸動。

或許對大多數的我們來說，天空不再被視爲眾神的走馬燈；除了那些星象占卜者，它也許不是人間生命的範例或預言，但它仍然是我們對無限和超然存在的主要隱喻。由於一種基本的、根深蒂固的特性，我們仍然以我們最早的祖先們的眼睛來觀看，並且對使他們心跳加快的事有同樣的反應。

---

❶這個翻譯是根據閃語中之阿卡德語（或舊巴比倫語），在這語言裡，烏魯克的偉大女神的名字是伊施他爾。但是在較早的記錄中（蘇美語），她被稱爲伊拿娜（Innana）。這種從蘇美語到阿卡德語的神祇名稱之變更，與希臘眾神廟轉變成羅馬萬神殿的過程所產生的變化類似：例如宙斯（Zeus）變爲邱比特（Jupiter）、阿弗羅戴特（Aphrodite）變成維納斯（Venus）。在這整章裡，所有的神祇都以他們的阿卡德語名字來稱呼。

❷除了中括弧〔〕外，註譯者用括弧（）是爲了將暗示的地方說清楚，或是作推測性的重新建構。

❸這種只需與女人接觸便可達成的文明化，與費德勒（Leslie Fiedler）所著的《美國小說中的

愛與死》（*Love and Death in the American Novel*）中精彩描寫的文明化行爲具有許多共同點，其中他辨識了神話的層面，例如在馬克吐溫的《頑童流浪記》（*Huckleberry Finn*）中的莎莉姑媽（Aunt Sally），是許多美國文學作品中的「文明化」女人之一，是所有邁向曠野從事男性團結工作的熱血男性必須逃避的女人。

❹和所有早期的人類一樣，蘇美人喜好雙關詞和雙關句。這是指灌溉的汲水技術（長竿的一端繫著水桶，另一端則放置重物來平衡），同時也指性交。

❺近十九世紀末期，首度嘗試翻譯楔形文字板，發現了早期蘇美的「挪亞」，就像維多利亞時期的達爾文（Darwin）一樣，引起許多人們的焦慮不安。他們認爲聖經中的每件事都沒有任何前例，因爲聖經是「神的話語」。

❻由琴布塔斯（Marija Gimbutas）和其他女權主義的考古學家提出的理論，認爲偉大的天母是人類原始神明的說法幾乎可以確定是錯的。天堂和它的景象是信仰和神格化的首要對象。地球女神被認爲非常重要，並且總是天堂的補足物，可能是因農業的發明而特別地顯著。

2

黑暗中的旅程——不可言喻的革新

早期的人們在這齣旋轉性的天堂戲劇裡，看到了長生不老類似輪轉式的、可預知的凡人生命。在這生命轉輪的中心，他們看到了死亡的輪轂。在早期的藝術裡，描繪了他們意識到的人世和天堂之間對應的眞實現象——在流傳下來最早的遺跡裡，充滿了螺旋形、鋸齒形、菱形的圖案。永遠旋轉、永遠重新開始的螺旋形，象徵循環的眞實現象之本質——月亮的盈虧、季節的替換、女性生理的循環、永遠旋轉的出生、結合、死亡之輪。鋸齒形圖案有時候代表閃電，而閃電被認爲和月亮有關，因爲人們以爲月亮掌控了所有的水和孕育力——而暴風雨之前往往有閃電。但是，最早的時候，在新石器時代的陶器和最古老的埃及象形文字裡可以看到，鋸齒形圖案象徵流動的水。菱形或鑽石形是古代女陰的象徵，後來簡化爲裂開的三角形，而且是蘇美象形文字的「女人」。近來，在澳洲發現了可能是最早的人類藝術：一系列的圓形圖案，刻在大約七萬五千年前的一個一百三十呎長的單塊砂岩石碑上——古代人類從大自然各處閱讀到的重要圖案的第一個自白。這圖案便是那永遠轉動的生命之輪。

宗教是複雜的現象；和它相呼應的，不久又變得更加複雜，需要牧師和巫師這類神職人員來作正確的詮釋及有效的運用。長得像陰莖的蛇每年脫皮一次，並且消失一段時間，因此使得人們以爲是死而復生，以致在許多文化中被認爲是月亮在人世間的版本。從中國新石器文化遺址 Panchan 和 Ngan-Yang，到美洲文明的卡加其（Calchaqui），在這麼廣大久遠的時間空間裡，可以看到雌雄合併、有菱形花紋的蟒蛇圖案，象徵二元之再度整合，成爲孕育的明顯指標。月亮的另外一個版本是蜘蛛，其銀亮、循環式的網捕獲的獵物，像極了人們的命運被那支配所有生物的月亮所掌控一樣（織網就是在註定命運；一些最古老的用語「命運」，例如盎格魯—撒克遜的 wyrd，是從印歐語系的動詞 uert 轉變來的，意思是「轉」或「織網」）。用來獻祭月神南那辛的公牛，頭上弦月形的角像極了鐮月。南那辛自己則是「長了硬角、強有力的小牛」、「天空的年輕公牛」。珍珠是月神的護身符、是包涵在蠔蚌的陰門裡的小巧晶瑩的月亮。前哥倫比亞墨西哥以蝸牛獻祭月神，因爲蝸牛頭上的角像月亮一樣地伸縮消長。同樣的，冰河時期的歐洲，由於熊在一定的季節出現或消失，因此被認爲是人類的祖先。在分布廣大的各民族的古老文化裡，如南非叢林部落、住在西伯利亞北部的蒙古族薩摩耶人（Samoyed），還有中國人，我們可以看到一系列與月有關的形象，這些形象或缺手或缺腳（就像缺月一樣），卻特別擁有降雨的能力，也因此擁有孕育的能力。

審視這些原始人認爲非常明顯的對應符號，我們這些後實驗主義者卻很可能驚訝於他們的不合邏輯，而不是驚訝於他們的適切性。如果要從原始社會人士的眼光來看，我們必

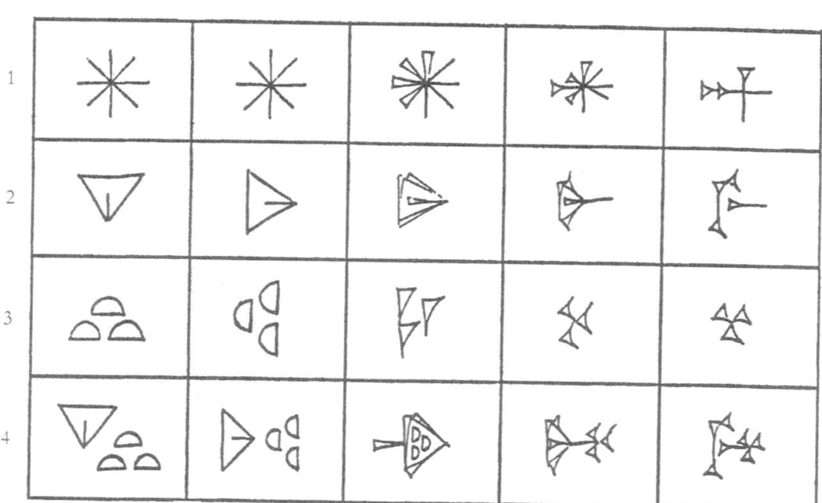

文字的演進

（1）上排的象形文字原先代表「星星」，但也有「神」的意思。

（2）裂開的三角形（更古老的三角形之前身是菱形或鑽石形），代表女性的生殖器，也有「女人」的意思。

（3）山。

（4）「山女」，亦即閃族女奴。

上圖（從左到右）是每個符號演進的順序：從原來的象形圖文，到比較容易刻寫的、由短小的楔形筆劃形成符號，也因此被稱為楔形文字。

須放棄我們的邏輯和科學。「重點是，」伊里亞德寫道：「這些符號的共同點，首先是結合人與宇宙的韻律和精力，然後統一其韻律。」——如同神聖的交媾儀式一般——「先結合中心，最後躍入那種超然存在的效果。」即伊里亞德所說的「首要的結合」。這原始神學背後的目的和任何其他人類找到眞理的企圖並無兩樣。我們的這些遠祖在尋找有效率的知識，以幫助他們達到繁榮、傳宗接代，以及只有人類可以做到的長生不老——確保他們不會絕種。其中比較神秘的，相信這種知識可以使他們接觸某種超越他們自己的境界。每種儀式都具有不合理的、神秘的核心，神聖化的最頂點、超乎時間之外的一刻；還有，不論這儀式是否爲轉化麵包和酒的彌撒、是苦行僧的繞圈急行，或是蘇美族的性高潮儀式，其目的都是狂喜忘形地和超經驗、終極、超越無常結合，不管這結合是如何地短暫。對古人來說，如此的眞實是超越人世，甚至超越月亮、超越所有的適切性。西塞羅（Cicero）寫道：「超過月亮以外的都是永恆的。」這是最早期的地中海對絕對之信仰的最佳寫照。

主前一千八、九百年的時候，烏爾（Ur）的一支家族覺得需要這個絕對的天和墮落的人間之靜態的世界觀。他們就是在聖經第一篇《創世記》裡的他拉（Terah）家族：

他拉的後代記在下面：

他拉生亞伯蘭❶、拿鶴、哈蘭；哈蘭生羅得。哈蘭死在他的本地迦勒底的烏爾，在他父親他拉之前。亞伯蘭、拿鶴各娶了妻子：亞伯蘭的妻子名叫撒萊；拿鶴的妻子名叫密迦，是哈蘭的女兒；哈蘭是密迦和亦迦的父親。那時撒萊不能生育，沒有孩子。他拉帶著兒子亞伯蘭和孫子哈蘭的兒子羅得，還有兒媳婦亞伯蘭的妻子撒萊，離開了迦勒底的烏爾，前往迦南地；他們走到哈蘭，就住在那兒。他拉活了二百零五歲，然後死在哈蘭。

乍看之下，讀者可能很震驚，如此平凡的故事既樸素又怪異（不管他拉是何等人物，並沒有活著超過兩百年），和蘇美的故事有一定程度的類似，只不過缺少了某些生動的神話模式。但是他們之間也有令人驚訝的相異處：《創世記》小心保存了一些古代人物的名字和家譜，這些人既不是神祇也不是帝王——甚至包括了婦女；而其重要性都在於他們看來至少是嚴謹的家譜記錄。

他拉的是個閃族家庭，很早就在烏爾定居，後來烏爾成了「他拉家族的土地」。幾百年前，他的祖先曾是游牧的閃族興起運動裡的部落之一。這些部落曾經壓倒了蘇美勢力，並因此被蘇美優越的都市生活吸引。這兒引用的《創世記》裡在人類歷史剛開始之後的文獻——從開天闢地到洪荒時期，是從名為希伯來的閃語翻譯過來的。但是他拉家族的紀年方式和之前的故事不一樣，不再像神仙故事，而嘗試著記述眞人實事；雖然記錄的時間距離現在可能還不到三千年，是口傳歷史的產品，內容遠溯至將近四千年前，接近主前第二千禧年的開始，時當巴比倫之蘇美的黃金時代。那時的巴比倫是在世界上第一個皇帝漢摩拉比（**Hammurabi**）的庇護之下。

我們不能確定烏爾的居民出發時腦筋裡在想些什麼。可能不會想太多。他們沿著幼發拉底河，從烏爾往西北到哈蘭。哈蘭也是個奉獻給月亮的城市，是烏爾的姐妹城，文化頗為類似——有如三藩市和烏爾的紐約。因此他們當初定居於此，可能只是要改善他們的前途，而且相信他們有意在哈蘭永久定居是有道理的。無論如何，對亞伯蘭而言，哈蘭只是暫時的居留地。奇怪的是，這段文章假定這個家族的最終目的地是「迦南的土地」，迦南地是閃族部落的偏遠地區，（至少在蘇美人的漫畫裡，）那兒的人吃生肉，而且不知道如何埋葬死者。除非到另外一個類似的城市，定居在烏爾的家庭沒有一個想要離開。所以，我們可以看到，這是個方向錯誤的移居：和他們祖國的文化隔離了好幾個世紀、定居在蘇美的閃族，從都市化回歸到簡樸的原始生活。然而，這特殊的移居，永久的改變了人類的心靈，也因此改變了世界的面貌。

在哈蘭，他拉和他的家人使得哈蘭繁榮富裕；而且幾乎可以確定，就是在哈蘭，有個聲音對亞伯蘭說：

「你要離開本地、本族、父家，
前往我將指示給你的地方。
我必叫你成爲大國。
我必賜福給你，
讓你名氣大；
你也要叫別人得福。
爲你祝福的，
我必賜福給他；
那咒詛你的，我必咒詛他。
地上的萬族都要因你得福。」

因此，未具名的敘述者下結論道：「亞伯蘭離開了」羅得、撒萊也和亞伯蘭一起離開，「他們都得到他們已經得到的，還有他們在哈蘭養成的精神」，也就是，兩個大家族再一次的遷移。除了他們的家庭成員和家具雜物以外，他們還帶著他們的蘇美人生觀。無論這次的移居使得他們和他們的過去頗不連續，此一旅程還是很具亞伯蘭、撒萊和羅得的代表性的。他們的家人和奴隸們都是蘇美人，無法逃脫他們的文化對他們的影響，就好像我們無法逃脫我們的文化對我們的影響一樣。在這時候，有些新的文化產生，就像所有新的事物一樣，在當時日常生活裡舊有、尋常、正常的現實環境裡產生了。就像古拉丁語裡自相矛盾的名言：「新的必從舊的產生出來。」

有一件事，這個家族顯然堅守著蘇美人的觀念，認爲商業是重要的，否則，這位說話簡潔的敘述者就不會提到：「他們得到他們已經得到的。」——他們在哈蘭期間所聚積的所有財富。我們可以知道一些他們帶著的想法——我們幾乎可以像X光一樣透視他們腦筋裡在想些什麼——因爲我們可以從亞伯蘭後代子孫早期的著作追溯蘇美人的宗教觀念。對亞伯蘭說話的那個聲音是亞伯蘭的保護神；剛開始的時候，在亞伯蘭的腦中，這保護神應該和吉爾伽美什的保護神路卡班達沒有太大的區別。吉爾伽美什在路卡班達的塑像上抹油，以祈求好運。神祇很多，但是每個人有一個守護神——也許是祖先，也許是天使——

負責對此人特別照顧。這些小神祇——個人的神、家庭的神、城市的神、部落的神，由護身符和可以攜帶的塑像代表，他們和所有的神祇一樣，基本上是家傳的。他們也都和家庭成員一樣地善妒、好辯。即使在某些特殊的場合裡，他們不是導致災禍惡事的原因（雖然有時候是），大部分的時候，他們對災禍惡事無能爲力，而且人類通常都充滿了邪惡。阿特—拿比施廷睿智地說：「人們的行爲壞透了。」有句蘇美人喜愛的名言也在警告：「從來就沒有一個不帶罪出生的孩子。」成功之道是在宗教祭禮上圓滿盡責。不管這祭禮可能是什麼，這也是蘇美人準確的描述他們的聖殿、謹愼地執行禮拜儀式的原因（包括狂歡放蕩的酒宴和神聖的交媾儀式）。正因爲如此注重儀式的細節，阿特—拿比施廷被認爲是公正的；這種虔誠的舉動，同時也是蘇美人抵抗神祇之惡念的唯一保障。

從《吉爾伽美什史詩》中許多神話之構成元素裡，我們已經可以看出一些聖經裡的回響。吉爾伽美什的故事是如此強勢有力，因此應該也影響了希臘故事，而被荷馬（Homer）和中世紀伊斯蘭（Islam）分別收入《奧德賽》（*Odyssey*）和《一千零一夜》（*Arabian Nights*）。遲至主前第六世紀，在耶路撒冷聖堂裡，以色列婦女們仍會爲度母希（亦即聖經裡的搭模斯）神坐下哭泣，先知以西結不甘願地記載了這點（垂死之神的神話投下了長遠的陰影，甚至當今猶太日曆裡仍有一個月份以搭模斯爲名命一年中的第四個月份）。毫無疑問的，他拉家族在他們的旅程中，將蘇美祖先的悠久歷史和壞脾氣神祇的故事帶到各地。好比善妒女神伊施他爾有一株由蟒蛇守護神聖的「生命之樹」的傳說；還有一個祖先級人物，憑著無比的虔誠在洪水中得保殘生的故事。還有，當他拉家族回首東方地平線時，最後看到的蘇美，便是那金字形的哈蘭廟塔（Ziggurat）。大膽的蘇美人企圖測量上天的故事，應該就是後來變成了《創世記》裡傳奇而愚蠢的巴別塔的故事。

但是，無論「蘇美人」到荒野之地的探險對不經心的觀察者而言有何意義，其領導者帶著嶄新的念頭倒是可信的。我們知道亞伯蘭是前往迦南，但他眞的是嗎？有關他拉和他的家人之子孫，以及他們的旅行的概略記載，確實只是概括性的敘述。其中未必指出，亞伯蘭在旅途一開始時，其實便已經知道這次的目的地了。沒有理由認爲亞伯蘭知道他將前往何處，或知道任何除了神告訴他之外的事——神要求他：「勇往直前」、邁向永不回頭的旅程、前去「我將會指示給你的土地」；這位神祇將會設法爲這位沒有子女的人開創「偉大的國家」，而且所有的人類都終將因他而得到祝福（希伯來語裡的斷然語「lekhlekha」，具有顯著的「直接」的意思，這在英語裡是無法複製的）。

因此，亞伯蘭「離開」了——在所有文字記載裡最大膽的兩個字。這兩個字表示了：完全脫離任何一切早在文化和理性進化之前就發生的事。出自蘇美這個文明化了的平凡儲藏所，一個不知何所之的人，在他的上帝的鼓舞下，向未可知的荒野勇往直前。出自恬靜的故鄉美索不達米亞，在營求私利、用他們的神來確保他們的繁榮和恩寵的商人當中，一個富有的商隊主人不以追求物質爲目標。出自古代人性，人們從良知蒙昧時期起，便經由解讀星象而認識到了永恆的眞理，有一群人在指南針尚未發明的時代裡旅行。人類打從骨頭裡明白，所有他們的努力終將以死亡結束，卻產生了一位領導者聲稱得到了不可能的承諾。出自人類的想像，出現了一種夢想，憧憬未來會有某種新的、比較好的、尚未發生的事件。

如果我們生活在主前兩千年，在亞伯蘭的世紀裡，並且能夠詳細調查當時地球上所有的國家，他們對亞伯蘭的旅程會有什麼樣的看法？在非洲和歐洲的大部分地區，當史前的萬物有靈論是他們的準則、藝術家們仍然雕刻繪畫著生死大轉輪的神聖象徵時，他們將會如何嘲笑亞伯蘭的瘋狂，並且指向上天，認爲所有地球上的生命生生世世都在那兒被規劃好了。他們會說，他的妻子有如寒冬無法生育；人是無法逃脫命運的掌控的。埃及人將會搖頭不信，「沒有天生的智慧」，他們將會複述最受尊重的智者的教導：「學習祖先。教給他前人說過的話，然後他才可以成爲模範。」早期的希臘人可能告訴了亞伯蘭有關普洛米修斯的故事。普洛米修斯向眾神求取火種，結果災禍臨身。他們將會勸告他，不要過分，要服從。在印度，人們將會告訴他，時間是黑色、無理、不慈悲的。不要限定自己在某個時間內要完成什麼任務，時間只是痛苦的支配者。在中國，某位影響《易經》深重而現在已經佚名的智者，應該會警惕人們：人生的旅途或人世的任何努力，是沒有目的的；最重要的事是，逃離多變的自然法則以廢止時間。美洲馬雅人的祖先將會指著他們的循環式的日曆（和中國曆法一樣，有著連續不變、周而復始、年年反覆的典型）解釋道：每件重複發生的事和每個人的命運都是註定的。在每個大洲、社會裡，不同的智者，例如赫拉克里圖斯（Heraclitus）、老子和悉達多，應該都會給他們的弟子這樣的勸告：安坐下來，不要惶惶勞頓；在人生的河流岸邊，鎮定自己，冥想生命無止境與無意義之流轉，冥想一切已過去、正要過去和將要來到的，直到你領悟了生命的形態，在這易於腐亡的天地間，能平靜接受生命的大轉輪、自己的死亡、萬事萬物的死亡。亞伯蘭將會得到同樣的勸告。

接近迦南時，亞伯蘭「經過遠如示劍的土地」，因為亞伯蘭「在那兒設立了屠殺犧牲品的場所」——橡木造的小祭壇，用來獻祭牲品給他的神祇，那兒便成為亞伯蘭後代子孫的

聖地。而且，在這個落腳處，上帝第一次指認這塊土地為許諾的天堂：「我這片土地給你播種。」「這片土地」的指意十分含糊。沒有劃清界限。但是此後的多年歲月裡，每一次上帝對亞伯蘭說話時，當初的許諾就會更加肯定。在那些長久的時日裡，一直都是這樣的：亞伯蘭和他的人們，那些深諳世故的文雅之士，將持續地沒有固定的居所或擁有任何土地。他們將持續作為「僑居者」——這正是他們用來形容自己的詞兒。我們可能會開始懷疑，由於亞伯蘭個性的力量，這些四處流浪的團體被他欺騙了。亞伯蘭自己則是因為腦筋有問題而作出這種荒謬無理的事。

儘管如此，亞伯蘭確實展示了他狡猾的機智。我們通常不會將這種機智和瘋子聯想在一起。當飢荒橫掃迦南時，亞伯蘭前往埃及，「去僑居那兒」。但是在那更加怪異的國度裡，他不僅要抵抗那些原始部落，他還要抵抗一位無人膽敢反對的神王。亞伯蘭策劃妥當，對他的妻子撒萊說：

「喏，我知道妳是個容貌可人的女人。」（我們可以想像撒萊很高興聽到這讚美，但之後她的臉就垮下來了）：「如果埃及人看到妳，他們一定會說：她是他的妻子。因此他們會殺了我，而讓妳活下去。請求妳說妳是我的妹妹，這樣我或許可以因妳而得保平安，以後我才有機會報答妳。」

果然，法老將撒萊關在他的內室裡，她的「兄弟」亞伯蘭獲得「綿羊、公牛、公驢、僕人、婢女、母驢和駱駝」做爲回報。我們無從得知法老是否規避了對撒萊的騷擾，也沒有任何有關撒萊對這事件的感受的記載。書上只提到亞伯蘭的神「降給法老絕大的瘟疫」，而且法老得知了災禍的原因。亞伯蘭因此被帶到這位埃及國王的跟前，這位國王說了一句令人難忘的話：「Ma-zot?!」（「這是怎麼回事?!」）。這句幾近於滑稽的表示懊惱的話，在現今的以色列經常可以聽到。用類似於老式音樂劇的措辭法，法老接下來便口沫橫飛地說：

「你爲什麼不告訴我，她是你的妻子？
你爲什麼說：『她是我的妹妹』？
所以我娶了她作太太，
但是，既然她是你的妻子，你就帶她回家罷！」

由法老的保鑣們「護送他和他的妻子，以及所有屬於他的」，迅速地帶到埃及的邊界，亞伯蘭就這樣離開了。這是有關這事件的最後結語。這位故事敘述者自娛娛人地記下這種瑣事，要我們知道亞伯蘭不只保住了他自己的腦袋，還發了大財。還有，這位作者恐怕我們忽略了這點，特地在下個故事的開始提到：「亞伯蘭從埃及出發」，並且「帶著過度超重的家畜、銀子和金子」。在這段埃及的軼事傳聞裡，撒萊只是個微不足道的任由擺布的棋子，一點也沒有提到她的感受。這是游牧民族祖先消遣埃及貴族的聰明辦法。

在迦南野地裡僑居游牧、無權無勢的亞伯蘭，如何和至高無上、穩坐王位的埃及神王法老搭上關係呢？緊跟著這段埃及軼事，一個措詞奇怪的事件給了我們答案。饑荒過了，亞伯蘭的侄兒羅得在所多瑪定居下來。所多瑪是可能在現今死海南部盆地的平原城市之一。然而，亞伯蘭拒絕過城市生活，在約旦西邊「幔利的橡樹旁」搭蓋帳篷。在迦南和蘇美兩個聯邦的國君作戰期間，羅得淪爲階下囚的消息傳到亞伯蘭耳裡：

其中一個人逃脫，來告訴希伯來人亞伯蘭——那時他駐紮在亞摩利人幔利的橡樹那裡。幔利和以實各並亞乃都是兄弟，曾與亞伯蘭聯盟。

亞伯蘭聽見他的兄弟（其實是他的侄兒）❷被擄去，就率領他家裡生養的精練壯丁三百一十八人，直追到但（巴勒斯坦北端的古都）。

這是怎麼回事？亞伯蘭有三百一十八個奴隸！還不包括家族成員和一些「家僕」呢！他像其他任何大首領一樣，有他的「同盟國」？亞伯蘭，這位唐吉訶德式的愚俠、羞怯的游牧者，竟能組織探索軍隊，從迦南人南部的幔利（現在的希伯崙）遠征到極北的丹！好幾百里路的路程呢！在這段文字中，將亞伯蘭描述爲「這希伯來人」，應該是找出正確詮釋的線索。在別處都沒有稱亞伯蘭爲「這希伯來人」的。這段事件雖然被編入《創世記》裡，應該是來自鄰近地區的口傳故事，而不是從亞伯拉罕後裔的傳說直接得來的。他們從不稱自己爲「這希伯來人」。我們從這兒看到的，不是被他的後代理想化了的亞伯蘭，而是他的同時代人物對他的看法。正如埃及傳說裡暗示了的，亞伯蘭既不是鄉下人，也不是在沙漠中追求美好光明的和平使者。他是個斤斤計較的家族成員，由於個人的原因，他離開了蘇美的大城市，選擇迦南的飄泊生活。但是他也別無選擇：他是個有權勢的首領，有充裕的財富和人手任由他支配。

他成功地釋放了羅得，然後回到南方。由於他拒絕分享戰利品，因此和地方統治者們的關係更加密切。

「因此免得你說：我使亞伯蘭富足！
我什麼也不拿！
只有僕人所吃的，
還有與我同行的亞乃、以實各、幔利應得的分，
可以任憑他們拿去。」

亞伯蘭並非半瘋的理想主義唯我論者，他只是人群裡的一個人。光是從他如何和他的神相處，就可以看出這位自信的、斤斤計較的沙漠首領的特色：懂得應對進退。當他聽到神的聲音說著那著名的話：「別害怕！」亞伯蘭抱怨道：「你將給我什麼？——因為我將會（死於）不幸。」然後繼續說他已經決定把他的地產留給首僕，因為：「你沒有給我子嗣。」對這間接暗示的譴責，神回答說：

「這人必不會成為你的後裔；你本身所生的，才成為你的後裔。」於是神領他走到外邊，說：「仰天祈求，數算眾星，你能數得了嗎？」神又對他說：「你的後裔亦將如此。」

雖然這裡所謂的天仍然被採用作爲比喻，卻不再預言任何事；只有神能預言；所謂的天縮減成爲神的例證而已。這對亞伯蘭來說並沒有問題；最後，這位敘述者以這樣的話語作爲這事件的結尾：亞伯蘭（我們現在已經知道他是個狡猾、老於世故的首領）「信賴」這位神，而且這位神將他的信賴視爲「當然的優點」。除了亞伯蘭的洞察力，我們看不出有什麼原因讓他對神如此信賴。這位充滿自信的人，相信他自己的判斷，並準確地詮釋未來將會發生什麼事。在那個時代，所有荒誕不經的戰士與國王的故事，都是彼此類似、難以分辨，卻出現了這個疑神的、追求名利的世俗族長相信那無形的聲音。無論怎樣地難以置信，這是一段有關人際關係的故事。

至於那位任人擺布的撒萊，在這些情節裡，甚至在迦南十年後，都沒有讓她出現以抱怨神「阻撓我懷孕生子」。她忠於她那個時代的習俗，將自己的埃及女僕呈給亞伯蘭當作借腹生子的工具，「我可能經由她得到成群的子女！」然而，一旦這位女僕夏甲懷孕了，她便開始排斥元配夫人，甚至到了可憐的撒萊無法忍受的程度。當亞伯蘭允許撒萊任意對待夏甲時，撒萊的毒打逼得夏甲離開營區、逃往野地。野地裡，有個天使指示她，不管受到怎樣的責難，都要回到撒萊身邊。因爲夏甲自己也將因此而有「無可計數」的子嗣。她的兒子以實瑪利將成爲另一個阿拉伯之父恩奇度——「野驢人」。他牴觸所有的人，而所有的人也都反對他。心煩意亂的夏甲照著吩咐做，但是在給神新的名稱之後才這麼做的。這位神的出現，是由天使般的使者爲訊號的。她稱祂爲「看得見的神」，以及「看見我的活神」。而正是這個「看見」，佔據了這故事的後半部。

亞伯蘭現在已經是個很老的人了，根據經文，他是九十九歲。雖然這應該是閃族人好誇大的遺跡，倒也無可否認亞伯蘭和撒萊的年紀已經大到不可能希望生出孩子。但是那時候，神已經不再只是聲音而已：亞伯蘭「看見」了祂，而且祂告訴他：「我是沙代神」。雖然很多人認爲這名字意思是「山神」或「高地之神」，我們可能已經無法從語言學去追尋答案。這位神邀請道：「走入我的眼前！」「而且要全心全意地！」亞伯蘭看到了光芒四射的神，並且被邀靠近神，使得亞伯蘭「尊敬禮拜」神。二者之間的關係變得更緊密；正如我們看到的進展一樣，我們必須承認在表象背後的一些事件：如果沒有亞伯蘭自己——他的個性帶給他的極度偏見，他和神之間應該就不會有任何關係，然而也是由於這種獨特的密切，才能造成這關係。這種特殊的密切是初期一神教所追求的，但有時幾乎到了個體的地步（可能產生個人與個人之間關係的結果），卻又是一神教的負面效果。

神再一次明顯地應允亞伯蘭迦南地和子孫——甚至王室後裔（「是的，國王們將由你而來」）。現在神要與亞伯蘭訂定聖約，就像首領們互定盟約一樣。在這聖約裡，亞伯蘭得到新的名字——亞伯拉罕（Avraham）（或：眾國之父）。撒萊也一樣，此後被稱爲撒拉（Sara）（或：公主）。亞伯蘭和他的神之間建立了牢不可破的關係，這在那個時代，總是以血來誓盟的，通常用的是動物犧牲的血。然而這個盟誓用的是亞伯蘭自己和「你們當中每位男人的」血。

「你們當中每位男人，世世代代，在生下來的第八日，都必須接受割禮。無論是你家裡生的，是你用錢向外人買來的、不是你的子嗣，都必須接受割禮。割禮，是的，受過割禮的，將是你的家生子女，和你買來的（奴隸）。這樣，我的誓約就在你們肉體裡，成爲永遠的約定。」

沒有任何男人會忘記他的陽物——他個人的生命力。經由這個盟約，亞伯蘭的後裔們將眞眞確確地不可能忘記這位永遠不會忘記他們的神。這位神處在祂日益四射的光芒和特性之中，越來越不像個可以攜帶、摩擦以祈求好運的護身符。這位神喪失了閃族守護神的監護天使之層面，而逐漸轉變爲神。對我們而言，這誓約可能顯得野蠻，但是在呆板簡樸的迦南和美索不達米亞，這「在你們肉體裡的誓約」的恆久提示，可就很有意義了。

現在叫作亞伯拉罕的這個人，還是明顯地開始嘲笑，心想：「百年老翁能有小孩嗎？或九十歲的撒拉會生嗎？」然後大聲地說：「只要以實瑪利能在你的眼前活著！」換句話說，讓這許諾降在以實瑪利身上，以實瑪利已然出生存在了，亞伯拉罕只想幫助神出現，使祂更眞實。但是雖然神將使以實瑪利「極度地、極度地」開花結果，他的盟約將和「撒拉將在這個特定的時候──也就是再過一年，為你生」的孩子同在。一生從沒有得到任何想要的東西的人質撒拉，將因此在三個月內懷孕。最後她總算得到了一些實在的東西。

「當他和亞伯拉罕說完話以後，神從亞伯拉罕身旁升起。」面談結束；割禮開始。在訪客來到之前，亞伯拉罕幾乎從沒有完成他自己和「所有他家人」的割禮。毫無疑問的，亞伯拉罕的活動使他忙得喘不過氣來，「在日正當中的時候，坐在帳篷入口處」，正如在當今的中東，我們可以看到貝都因（Bedouin）首領們在令人疲憊不堪的太陽下，坐在帳篷的垂幕中，期望能捕捉到一些微風。

他舉目觀看，

見有三個人在對面站著。

他一見，就從帳篷門口跑去迎接他們，俯伏在地，說：

「我主，
我若在你眼前蒙恩，
求你不要離開僕人往前去。
容我拿些水來，你們洗洗腳，在樹下休息休息。
我再拿些餅來，你們可以恢復心力，
然後再往前去。
你們既然到僕人這裡來，理當如此。」

無論亞伯拉罕在牛羊群和家臣僕人方面如何的有成就，還是認爲他自己遠在這些「我主」之下。不管他們是何許人，他是很熱切地要展現他非比尋常的好客熱誠。在他心中想的，是比「一些餅」要多很多的。他一邊跑向撒拉，一邊叫著：「動作快一點！」他指定她用最好的小麥粉烘三塊糕餅。然後他跑向牛群，選了一頭「細又嫩」的小牛，讓僕人們去準備。食物作好後，亞伯拉罕細心地親自服務。這些權威人士在吃東西的時候，問候他的太太。他們顯然知道她的名字：

「你的太太撒拉在哪兒？」

「在帳篷裡呢！」亞伯拉罕回答並開始懷疑。

三位主上裡坐在當中的那位說：

「我將會回來，是的，在時間再度開始時（也就是從那時候起一年後）回到你這兒，那時你的太太撒拉就會有兒子。」

亞伯拉罕知道現在他在招待神和兩位天使❸，撒拉也在無意中聽到了。她本來一點也不知道先前神的允諾（男人怎麼會跟太太說這種事呢？）。她也許因爲忙亂於烘焙蛋糕而感到暈眩，但是她認爲這對話滑稽可笑，還忍不住自己咯咯地笑出聲來：「我已經變得不中用了，還能有喜事發生嗎？何況我的主人已經很老了！」

「爲什麼撒拉在暗笑？」坐在中間的那人問，此人現在已經表明他自己是神，並且重複以前的許諾。對神而言，沒有什麼是不可能辦到的。可憐的撒拉，充滿了恐懼與迷惑，堅稱她並沒有偷笑。「不，」神說：「你的確偷笑了。」這位曾經被排除在丈夫與神的關係之外的撒拉，確實被閃族、埃及和迦南的，以及歐洲、亞洲、澳洲和美洲的古代世界裡的笑話逗笑了。停經之後的女人不可能生小孩、老到某個程度的男人不能勃起，只要知道這常識的人都理所當然會暗笑的。所有這些荒誕不經的英雄和國王的故事，人類世界的經驗是如星座在天空裡運行一樣的平凡。我們都知道那最後無可避免的、凡事都會有的結束。

這段故事不費吹灰之力就邁入下個情節。神在祂的內心掙扎，要不要告訴亞伯拉罕：「我將會做些什麼」，最後祂決定趁兩位天使前往羅得所住地所多瑪時，私下與亞伯拉罕談話，因爲「我已經認識他了」。當神揭示了毀滅所多瑪和蛾摩拉的計畫時，亞伯拉罕試圖去說服祂：「你眞的會把無辜的和有罪的一起鏟除嗎？」由於質問神——祂曾經逐漸對亞伯拉罕顯露可怖的威嚴，這位族長展現了他驚人的勇氣，一種他的後代子孫重複展現至今的勇氣。一場言語的拉鋸戰因此展開，最後神答應，只要能在那些城裡找到十個無罪的人，祂就罷手。

鏡頭漸明：所多瑪的主要廣場上，羅得碰見天使們，並邀他們到家裡去住（雖然不像亞伯拉罕待客那般慷慨，羅得無疑是個好人）。但是城裡的人像電影《惡夜僵屍》（*Night of the Living Dead*）的鬼魂一樣地圍繞著他的房子，他們要求羅得交出那兩位體面的年輕人，好讓他們，嗯，將這兩位變成所多瑪人。顯然，在那兒找不出十個無辜的人。只有羅得，試圖運用策略拖延時間。大多數的人在這種情況下不會想到那麼做的：

> 好，拜託，我有兩個女兒，還是處女，請讓我領她們出來，任憑你們的良心處置；只是這兩人既然來到我的屋樑下，不要對他們作出什麼。

當然，所多瑪人不爲所動，吼叫著說一旦他們撞破門，將會連羅得也一起幹掉。但是沒有人眞的被幹掉；反倒是在羅得和他的家人安全離開上路後，所多瑪人從老天那兒得到了懲罰——火和硫磺從天而降。不幸地，羅得的妻子回頭看那如雨柱般的毀滅。雖然，她曾被警告不要這麼作。她被變成了鹽柱——另一位任由擺布的妻子。

這段不愉快的故事長久以來爲性壓抑的基本教義主義者所鍾愛，可能引起多數的人和瓦渥（**Evelyn Waugh**）形容他的一個同事的反應一樣。這位年輕人，正如伍德豪斯（**Wodehouse**）書中那種沒有腦筋的門外漢，從沒有讀過任何書，但在軍旅生涯的空檔裡決定開始以閱讀來排遣時間，而聖經正好是當時唯一可以拿到的書。讀了《創世記》的一部分，他放棄了這種追求，喊道：「上帝，好個狗屎上帝！」

只要稍微鎮靜一下，便可以了解，所多瑪人的罪並不是同性戀，而是不好客。從這故事，我們無法辨認上帝是否反對盜竊，但可以確定，祂對打擊來訪的極其善良的陌生人之行爲持著悲觀的態度。還有，從流傳很廣的美索不達米亞的史蹟來看，閃族人和其他上古時代的中東人士比較喜歡從背後（陰道或肛門）進入的性行爲。對亞伯拉罕的後代子孫而言，這種姿勢是次等人類（「像狗一樣」）。就他們看來，他們鄰族的性行爲是很可疑的，既無人性，又不自然。

現在我們從上帝的懲罰轉向眞正的奇蹟：

當亞伯拉罕年老的時候，撒拉懷了孕；
到上帝所說的日期，
就給亞伯拉罕生了一個兒子。
亞伯拉罕給撒拉所生的兒子起個名字叫
以撒（他暗笑）。
以撒生下來第八日，亞伯拉罕照著上帝所吩咐的，給以撒行了割禮。

現在撒拉說：

「上帝使我喜笑。」

上帝使她暗笑過——因爲說了些不可能的事。現在沒有自主權的撒拉被賜予了她一直唯一想要而認爲不可能得到的東西。無論亞伯拉罕如何期盼，她比他還更想要這個孩子。因爲他眞的要的話，可以經由其他女人那兒得到。那是亞伯拉罕的神的手工藝品之品質保證書。祂的目的是讓某位人類將他的生命流傳爲後來的生命。甚至賜福給那些故事以外的人們。兩人之間的對話（在我們的面前，這兩人以前沒有交談過）如此豐富而深切，就她這種很少說話的人來說，那令人動心的話語很像只有偉大的作者才寫得出來的對話似的：

「上帝使我喜笑，
凡聽見的必與我一同喜笑……
誰能預先對亞伯拉罕說：『撒拉要撫育嬰孩』呢？
喏，我在他年老的時候，給他生了個兒子！」

上帝使亞伯拉罕喜笑，上帝使撒拉喜笑，上帝使以撒喜笑。而且，「這孩子長大並且斷了奶。在以撒斷奶的那天，亞伯拉罕舉行了盛大的飲宴。」這時候，冬天被驅走了，每個人的惡夢也都過去了。

還沒有完全結束呢。

有一件事，也就是撒拉決定埃及人夏甲不能分享這喜悅，並且將她和她的兒子永久驅逐出去（雖然他們仍然在上帝的保護之下）。然後，這位敘述故事的人，以斷斷續續的刺耳語調，開始了希伯來聖經裡最恐怖且令人同情的一段故事：

這些事以後，
上帝要試驗亞伯拉罕，
就呼叫他說：「亞伯拉罕！」
他說：「我在這裡。」
上帝說：「請你帶著你的兒子，
你獨生的兒子，

你所鍾愛的以撒，
往摩利亞地去，
在我所要指示你的山上，
把他獻爲燔祭。」
亞伯拉罕清早起來，
備上驢，
帶著兩個僕人和他的兒子以撒，
也劈好了燔祭的柴，
就起身前往上帝所指示他的地方去了。
到了第三日，
亞伯拉罕舉目遠遠地看見那地方。
亞伯拉罕對他的僕人說：
「你們和驢在此等候，
我與孩子往那裡去拜一拜，
就回到你們這裡來。」

亞伯拉罕把燔祭的柴放在他的兒子以撒身上，

自己手裡拿著火與刀；

於是二人同行。

以撒對他父親亞伯拉罕說：

「父親哪！」

亞伯拉罕說：「我兒，我在這裡。」

以撒說：「請看，火與柴都有了，但燔祭的羔羊在哪裡呢？」

亞伯拉罕說：「我兒，上帝必然自己預備了作燔祭的羔羊。」

於是二人同行。

他們到了上帝所指示的地方，

亞伯拉罕在那裡築壇，

把柴擺好，

捆綁他的兒子以撒，

放在壇的柴上。

亞伯拉罕就伸手拿刀，

要殺他的兒子。

但是上帝的使者從天上呼叫他說：
「亞伯拉罕！亞伯拉罕！」
他說：「我在這裡。」
天使說：「你不可在這孩子身上下手。
一點也不可傷害他！
現在我知道你是敬畏上帝的了；
因爲你沒有將你的兒子，
也就是你的獨生子，
留下來不給我。」
亞伯拉罕舉目觀看，
見到有一隻公羊，
兩角扣在稠密的小樹中，
亞伯拉罕就取了那隻公羊來，
獻爲燔祭，

代替他的兒子。

亞伯拉罕給那個地方取名叫「(上帝)之見」。如今人所說的：「在(上帝的)山上，可以看見」。(上帝)的使者第二次從天上呼叫亞伯拉罕說：

「我對我自己發誓，」

——〔上帝說〕——

「你既然行了這事，
不留下你的兒子，
也就是你的獨生子，
我將賜福給你，賜福給你，
我將使你多子多孫，
如同天上的星，海邊的沙，
你的子孫必得著仇敵的城門，
並且地上萬國都必因你的後裔得福，
因爲你聽從了我的話。」

我懷疑會有人讀過這故事——不論是讀原文或其他版本——卻不會被嚇呆的。很多人在童年時期聽過這故事，十分清楚它將會有什麼結局（在最後一分鐘悲劇才突然轉變），但仍然不忍再次卒讀，或認眞地思考「這舊約聖經裡的怪獸上帝」——曾有位婦女顫慄地如此稱呼祂。福斯簡單的詮釋和希伯來原文聖經未加修飾的節奏十分接近，其累進式的效果是如此地驚人，就像重複的爆炸或受傷。

這是上帝嗎？我們認爲這是個怎樣的上帝呢？在這故事發展的初期，對上帝加在這對父子身上的痛苦是否多少有些解釋或理由？難道那男孩正如埃及故事裡的撒拉和城毀時羅得的妻子一樣，只是在上帝的遊戲裡的另一個任由擺布的棋子？

確實，就算故事敘述者以快筆將他描述爲眞切的孩子問眞切的問題，以撒是個任由擺布的棋子。正如斯比瑟（E. A. Spieser）所說的：「這位父親的回答是溫柔的，但是閃閃爍爍的，這孩子一定早就察覺到眞相了。那簡短的句子：『於是二人同行。』包涵了可能是所有文獻中最深切動人的沈默。」眞的，這位敘事者的技巧實在了不起，使讀者面對逼近的恐怖而說不出話。

具人類學傾向的詮釋者，會將這故事當作是放棄燔祭習俗的象徵。當史前原始猶太人放棄了以人爲獻祭品的儀式時，他們的鄰人還繼續此一怖行。於是他們將這類一旦做了就無可挽救的時刻，以戲劇化手法表達出來。因此人們才會將之奉守爲傳統，牢記著這是他們不應該做的事。基督教徒則從亞伯拉罕看到了上帝的某種典型。祂願意把祂的「獨子」耶穌給我們，爲我們犧牲以洗去我們的原罪。因爲我無意暗示這樣的詮釋是沒有根據的，我得要趕快指出這兩種詮釋都只是個框架，給我們類別項目，讓我們去塡充這段事件：它們是不同的藉口，使我們遠離殘酷的核心，這樣我們或許可以將它隱藏起來，再看不見它。可是我們必須忍耐這事：這山上的經驗是亞伯拉罕故事的最高潮。

亞伯拉罕這種作爲很容易誘導人們憎恨他。我們已經認定他是狡猾的共謀者，爽快地同意犧牲他的妻子以成功自己。雖然我們可以說服自己，那時代的標準和我們現在不同，仍然很難就這樣讓它算了。其困難度正如我們嘗試去原諒傑佛遜（Thomas Jefferson），他既是人權平等的倡導人，又身爲奴隸的擁有者。但是，我們必須將亞伯拉罕與吉爾伽美什和漢摩拉比相比，而不是和我們自己相比。當我們這樣做的時候，亞伯拉罕便在他的時代背景中如浮雕般地顯得很突出。總之，我們也許厭惡亞伯拉罕對撒拉的態度，我們倒也不能懷疑他之疼愛以撒。事實上，聖經第一次使用「愛」這個詞語，便是作在這段故事裡：

請你帶著你的兒子，

你獨生的兒子，
你所鍾愛的
以撒……

正是因爲亞伯拉罕的愛使得這段故事如此令人不能承受。

這恐怖的疑惑之答案，不在亞伯拉罕和以撒的關係，而在他和上帝的關係。亞伯拉罕是蘇美人。原先，對亞伯拉罕而言，「上帝」和吉爾伽美什的路卡班達雕像差不多，幾乎只是個幸運符而已。雖然一開始的時候連雕像也沒有，沒有任何看得見的啓示。甚至在最早的階段，嗯，他倆之間也和其他蘇美人與他們的守護神的關係不同。但是，如果這關係要長久維持，亞伯拉罕需要接受教育；他因此領受到一連串的啓示。在這些啓示中，「上帝」逐漸揭示他自己是爲上帝——不僅是被崇拜爲神的人，而是唯一可以被稱爲上帝的神。我們可以確定，亞伯拉罕在開始的時候，跟在他之前所有的蘇美人、所有的人類一樣（說得更準確些，也包括在他之後的所有人），是多神主義者，相信許多（並且互相矛盾）的善神與惡神。所謂的惡神，是大自然和宇宙壞脾氣的力量形成的，可以經由正確的儀式和廢話來加以安撫。亞伯拉罕不太可能在他的生命過程中變成嚴格的一神論者，但是我們可以說，亞伯拉罕和上帝的關係變成他的生命主體，重大的發展經驗。從聲音到視覺，再到威嚴的統治者，亞伯拉罕所認知的上帝越來越大；但是由於他出身的社會背景，這種認知從我們的的標準來看，尙停留在極其實際的階段。在這麼多年的準備必有某些事將他震落，促使他開始辨認，到底是誰在和他說話。那位召喚亞伯拉罕去體會山上經驗的神，一定不再被認爲僅僅是「山神」。祂和蘇美族那些具有明顯人類動機的眾神正好相對。祂是超越了山、甚至超越了天，無從得知的神，祂的目的隱藏在人類的智慧背後。祂是無法掌控的。

我們又是誰呢？我們是偶然產生的，完全依賴上帝的決定。亞伯拉罕又是誰呢？他是偶然產生的，他必須了解，他絕對是個從屬者，他必須自覺地依附他的神。無人能了解那神的取捨標準。因爲，恰如智者約伯後來所說的一般：「上帝給的，上帝可以拿走：奉上帝之名的人有福了。」

這位敘述故事的人知道，可憐的人類讀者無法忍受懸宕的折磨，因此緊接著的這個恐怖事件便告知我們，將會有「考驗」，所以我們知道以撒將不會眞的被拿來當犧牲品。雖然在接下來的情節裡實在很難牢記著這點，對我們也是個考驗。我們能對無法了解的上帝如此坦率無私嗎？這位上帝超越了我們所有的避邪物和計畫，這位上帝在我們野餐的時候下雨，這位上帝讓人類作出沒有人性的事，是祂判了我們所有的人死刑？所有其他的神都是虛構的，是人類欲望的可悲反映。只有這位上帝是值得我付出生命的（還有你的和以撒的）。因爲，「捨他其誰」，亞伯拉罕必然要信仰像這位非人類的唯一眞神那麼令人敬畏、折服的上帝。這位神以嚇人之姿態，接見亞伯拉罕眾多後裔之一的布雷克（William Blake），難怪有一天布雷克會急忙求助：

老虎！老虎！燃燒光亮，
黑夜的森林裡，
何方神聖的手或眼，
能夠設計出你那可敬畏的勻稱？

亞伯拉罕通過了試驗。他的信心——他對上帝的信仰——超過了他的恐懼感。但是現在他知道他是和那位超過所有期待的、不可思議之神交涉。那位叫他出來、去到荒野，並且許下不可置信之諾言的神，已經實現了諾言。但是這並不表示，經由這位上帝我可以看到未來，並且可以控制尚未發生的事。我什麼也控制不了。我的任務只是對上帝像對我自己的孩子一樣地坦率，對這兩者，我都必須說：「我在這裡！」

「別害怕。」上帝勸告亞伯拉罕。別害怕上帝出現在你的生活中。但是矛盾地，要畏懼上帝不可思議的萬能。因爲對這位上帝的畏懼，就像《詩篇》的作者有一天會唱道：「這是智慧的開始。」而這（上帝）之見所在地未名的山，是亞伯拉罕畏懼的開始。

隨著這決心之後，亞伯拉罕的故事很快地來到了完結篇。撒拉死於希伯崙，亞伯拉罕開始「爲撒拉而憂傷哭泣」。我們可能因爲接下來所發生的事而認爲他的哀傷只是形式上的：爲了要將一切屬於撒拉的和她一起埋葬，經歷一場令人神經承受不了的討價還價後，亞伯拉罕在迦南買了他的第一份產業。亞伯拉罕下定了決心，要以「麥比拉（Makhpela）洞穴」作爲撒拉的墓室。但是身爲「僑居者」，就算他是游牧首領，在古代的迦南也很難買到產業。就算他說服了一些頑固的農人賣給他部分的土地，沒有得到地方行政委員的同意，這買賣仍然是不合法的。這所謂的地方行政委員，便是「赫人」（Het）。洞穴的主人裝得很慷慨地說：因爲亞伯拉罕是如此地備受尊敬，「在我們當中被上帝垂青的」，他不敢跟亞伯拉罕要錢，他可以將「上選之地」免費送給亞伯拉罕。甚至於值四百舍克勒（古猶太錢幣）的麥比拉洞穴也可以。亞伯拉罕聽到後，心裡明白這人眞正要給他的是什麼：免費的臨時墓地（不能保證未來如何），或以漫天之價買永久墓地。經過了接下來所有的討價還價（無止無休儀式性的巴結奉承、宣誓眞誠，就像現在的中東地區仍然存有的習慣一樣）之後，亞伯拉罕堅持四百舍克勒的價格，一直到被所有的人接受爲止。這個數目可能是洞穴眞正價值的十倍，對亞伯拉罕來說是値得的。因爲這給了他的妻子一個明確不能取消的人生終點站之產權。亞伯拉罕自然會不計代價以求心安。也因此，他對這位女族長表達了他遲來的、傷感的敬意。

不久之後，亞伯拉罕在希伯崙洞穴和撒拉相聚。這塊以實瑪利、以撒和所有他們的後代的祖墳，是阿拉伯和猶太人的聖地，至今仍然紛爭時起，有時候甚至釀成悲劇。亞伯拉罕在安排以撒的婚姻之後才去世。文獻中對以撒著墨不多，我們從沒有聽到他的意見。想想看，這可憐的人童年時期所受的心靈創傷！接下來的故事帶我們穿過繼起的男女族長的生活。以撒那活潑的、固執己見的妻子利百加（她也是個絕佳的廚子，在她的公公的眼中默許爲可以和以撒匹配的人選），在這些故事裡佔了不少篇幅。對「愛她的」以撒，她「繼他的母親之後照顧他」。她生了一對雙胞胎男孩，以掃和雅各。當她的兩個男孩長大後，她和她所偏愛的次子——狡猾的雅各——共謀強奪忠誠的以掃的長子繼承權。她讓皮膚光滑的雅各裝扮成毛茸茸的以掃，並且呈獻給當時已經失明的以撒，他喜愛的食物（她準備好的）。這位被蒙騙了的老以撒，賜給雅各長子之福祉，因此雅各成了亞伯拉罕的繼位人，同時也繼承了亞伯拉罕得到的許諾。不論這轉變帶給以撒痛苦，利百加的計畫既然能成功，其實也就是上帝的計畫。在雅各一生中，上帝在重要的轉捩點對他說話，在那些混亂的事件裡有不少次有位神秘的陌生人出現在雅各的營區，整夜和他角力搏鬥，到了早晨，才顯示其上帝的身分。祂重新爲雅各命名爲以色列，並且指定他的子孫會得到許諾。雅各自己給了上帝一個新的名字，很合理地稱呼祂爲「恐怖以撒」。

雅各／以色列並不是最後的族長人物，但他是上帝說話對象的最後一人。他們的角力確實夠親密的：「我看見了上帝！」以色列驚呼：「面對面——而且我的生命被保住了。」在生前看見了上帝的臉，這將是以色列的所有後代子孫們無法達到的極致神聖。這許諾的第一步已經實現了，而且亞伯拉罕和以色列都曾經「與上帝同行」。這宗教的中心點已不再是蘇美人和其他古代文化團體得到什麼——經由儀式的規定做看似自然的操縱——而是和上帝面對面的友誼。經由三代游牧民族的男男女女不再向偶像或國王或任何人間的形象鞠躬行禮之後，形成了新的宗教。他們一陣陣地、不規律地學會了依賴上帝，而且只依賴祂這位不可思議的、恐怖的野性上帝。

但是沒有人會永遠保持這種感覺度。現在他們的意識已經修改過了，必然要回到正常生活的事務上。好幾百年了，再沒有人會與上帝同行。沒有人會見到祂的臉，甚或沒有人會聽到祂的聲音。

---

❶亞伯拉罕（Abram）通常的英譯是「亞伯蘭」（Avram），最後又變成了「Avraham」。我使用福斯（Everett Fox）才氣十足的《創世記》譯本裡的新譯法。他的譯法（包括其拼音）比大多數的翻譯更接近希伯來經文。雖然我有時候採用摘要裡面傳統的詹姆士王（King James）拼音法，但通常還是採用我引用的譯文作者的拼音法。這段文字裡的措詞「迦勒底的」是個過時的説法。是當幼發拉底河谷被迦勒底閃族人（他們後來把這名稱給了伊拉克迦勒底基督教的少數民族）統治時，由一位作者提供給較後來的讀者烏爾的地理位置之説法。《創世記》裡可以看到很多這類過時的用詞。

❷在吉爾伽美什的資料裡，括號表示遺佚或受損的經文。這兒卻只是我個人的詮釋。插入的句子顯示了譯文作者試圖將隱晦的詞語説清楚。詞語之間的破折號表示希伯來文比較準確（譯註：譯成中文後，就看不出這點了）。

❸在這時候，「天使」一詞還是從蘇美語裡借來的，而且「天使」被視爲是上帝的顯示，和上帝本身常常很難區別。這三位天上來的訪客在亞伯拉罕帳篷前剝開麵包的一幕，是盧布列夫（Andrei Rublev）繪畫的主題，也是所有俄國畫像裡最偉大的。

3 埃及——從奴隸到自由

姑且不論那徹底的斷裂，在古代相信輪轉的世界和亞伯拉罕的行旅的世界之間還是有很多的連貫性。亞伯拉罕並不是一夜之間變成沙漠裡天眞專心尋求上帝的神秘主義者，和所有其他神志清楚的人一樣，他追求快樂與平安，雖然他也期望某些額外的、嶄新的事物。明理的亞伯拉罕唯一祈求的不朽神性便是子嗣後裔，這不僅只是蘇美族普遍的繁衍而已。獻神的男女娼妓在蘇美神廟附近出沒不已，死屍則在幼發拉底河裡漂流。就像現在他們仍然在恆河一帶這麼做一樣。從此，亞伯拉罕的後代子孫不再尋求聖化的結合儀式，而是尋求上帝，以確保他們之傳宗接代和土地。

這位上帝是創制者：是祂找上門來的，他們並沒有先尋求祂。是祂起頭對談的，而且是祂要眼見整個過程完成的。這位上帝和他們截然不同，不是他們的投影或寵物，不是一般那種可以由占卜看出其意圖、或由人類的禮拜儀式來控制的神話人物。這位上帝之取捨與人類的推理和判斷大不相同。因爲祂的動機無法解釋，祂的思想和行動無法預見，所以任何事、每件事都是有可能的。由於祂和他們的關係，許多新的事物已經實現了。但是信心最重要。在亞伯拉罕之前，宗教的感動和想像裡並沒有所謂信心這種東西。由於什麼都有可能，信心當然也有可能的，甚至還是必要的。

姑不論亞伯拉罕在抵達迦南地時示劍建造祭壇的事實，在更深的層次裡，我們可以說，世界上所有的神聖場所及其神聖的象徵都被他丟棄了。現在，每樣神聖的事情也都是世俗的。亞伯拉罕和他的孩子們並沒有爲任何特別的塑像塗抹油膏，或在他們閃耀的聖廟裡追循星象。他們只是聽上帝的聲音，並且繼續他們的旅程。信心取代了古代普遍的預言能力，信心有可能眞的導致成功，也可能導致失敗；可能獲得快樂，也可能產生悲劇。也就是說，這是一趟結局未卜的旅程。亞伯拉罕的故事是眞實的歷史，是無法倒轉的，不是天堂範例在人間的戲劇化。「亞伯拉罕離開了」，眞的離開了。認爲人生是循環式的那種信仰無法發展，因爲照那種說法，一旦我們了解生命，生命便無前途，只有下一個輪迴的週期而已。

時間既然不是循環式的而是無法倒流的單向進行，個人的歷史是可能的，個人的生命也可以有價值。這新的價值在剛開始的時候很難被理解。但從最早有關亞伯拉罕和他的家族之記載，已經可以看到仔細編成的平民家譜。這是蘇美人從沒有想到要寫下來的，因爲他們認爲個人的記憶是不重要的。對他們而言，只有自然的、不屬於人的力量才能存活，好比親屬關係、收穫、問題事件；個人的、不尋常的、單一的、奇異的、不符合任何原型的人或事件不會有意義。而沒有了個人，不論時間或歷史都是不可能的。然而亞伯拉罕、以撒和雅各的上帝，不再是典型的古代神祇，而是眞正的人物介入眞實的歷史中，改變歷史的方向，並且使歷史變成不可預知的。

祂將繼續介入。這些干擾將會逐漸導致亞伯拉罕後裔子孫的想法和感覺之無數改變，其中一些在族長的故事裡只有約略的暗示。且舉一例：雅各，一個在見過上帝的面之後還活著的人，對他的兄弟以掃作出令人不安的罪行，迫使他預料一旦踫面，自己將會被以掃宰掉，然而最後他卻與他的兄弟和解，在快樂團圓的那一刻，雅各還說著不可思議的話：「光是看到你的臉就好像看到上帝的臉一樣。你已經如此仁慈地接納我。」看來好像是這位故事敘述者的習慣——一點兒也沒有給我們提示該怎麼解釋這句箴言式的話語。但是我們知道在古代的世界，「看見某人的臉」意思就是認識某人、去了解此人的個性、去領悟此人的身分。因爲雅各曾經（被允許）見過上帝的臉（雖然只是局部的），他知道上帝的眞正樣子，亦即看透了極度事實之面貌。他也可以看到他自己是個個體人。這個經驗多多少少有點兒像上帝的經驗。這在未來會是什麼意義還尚未可知，但是人類就像是任由擺布的棋子（撒拉、羅得的女兒們、羅得的妻子、以撒）的這個想法，悄悄地、微妙地被取代了。在新的觀念裡，人類的地位比較高貴了。在故事裡的此刻，有關於這個新觀念的發展只有極其模糊的徵兆。但是在之後的數個世紀裡，隨著亞伯拉罕後裔的飄泊，便可以看到許多這方面的發展了。事實上，我們將可以看到我們整個價值系統的緩慢進化。

雅各／以色列的故事，並不是這個族長故事的結尾。以色列的兩個妻子和兩個使女一共為他生了十二個兒子，他們依次成為以色列的十二個支族❶。他鍾愛的妻子拉結給他生了鍾愛的兒子約瑟。約瑟是這家族的最後一號人物。以色列人沒有如預期一般在許諾的土地上永久地安頓下來，卻似乎長期在埃及被奴役。這些事件都是圍繞著約瑟而推展的。

約瑟的兄弟們都非常嫉妒這位得到父親最多關注、排行最小的異母弟弟。設計把約瑟賣給一位路過迦南的篷車隊奴隸販子。這販子將他帶到埃及，賣給一個叫做波提乏的主人。由於抵禦波提乏妻子的性騷擾，約瑟讓自己坐了牢。在牢裡，他以能解讀囚犯們的夢而著稱。囚犯當中有位法老的司酒官，這位司酒官被赦免出獄，並在法老府內重新獲得地位後，他向他那位備受睡夢干擾的主人推薦說約瑟的解夢絕對準確。約瑟解析法老的夢（預言七年的豐收，之後會有七年飢荒），使得這位主人十分佩服，因而獲得了最特別的地位——首相，成為全埃及第二號人物。

在新職位上，約瑟著手儲藏充分的穀糧，為法老的王國準備應對飢荒的來臨。在飢荒開始之前，約瑟為法老作的庫存及他的名望，在埃及都高到不可能再高的了。就在此時，由於飢荒的普及性，迫使約瑟的兄弟來到了埃及。約瑟的故事是偉大的短篇故事，尤其對那些從沒有被敵對的親生手足陷害過的讀者來說，其結局是最令人滿意的諷刺。約瑟的兄弟與他和解了，但不是在他們被徹底地羞辱、並且被帶去見他們的超級長官之前。雅各這位父親帶領著他的家人在埃及再度安頓下來，在這兒，他在眾多的子孫圍繞下快樂地過世了，他將一種特別的福祉延伸至約瑟的埃及子孫身上。

不像他的祖先——頭三位族長，約瑟從沒有聽過上帝的聲音。但是在利百加敘述的詭計下，我們了解這一切都是在上帝的安排下發生的。就像以撒賜福給「不對的兒子」之折磨，是個必要的痛苦（因為這確保了上帝給亞伯拉罕後代的意旨。這從一般人的想法來看，卻是橫木過門的作法）。為了亞伯拉罕後裔在飢荒時期能夠生存到最後，約瑟受他兄弟陷害，以及他因此成為奴隸之苦難是必須的。「這是為了保住生命，」約瑟向他的兄弟解釋：「上帝在你們之前先派我來。」這位上帝可以利用人類，不論他們是否要照著祂的意旨去做。

聖經至此不再敘述亞伯拉罕世世代代的故事了。幾百年後，第二本書《出埃及記》才又繼續敘述歷史❷。以色列的後裔「繁榮結果、成群結隊地，變成非常非常之多、非常非常之強大（數目上的）；土地都被他們佔滿了」。然後，「一位新的國君在埃及興起了」——在聖經裡提到的第三任法老，在詹姆士王欽定本裡，以冷漠的詞語記載：「（新的法老）不知道約瑟。」

第一任法老是個愚蠢的人，是亞伯蘭愚弄的那位呆板的神王。第二位是約瑟的那位法老，得到的評價算相當高了，他很明智地重用約瑟。很可能這位法老是個介入者，屬於閃族，是希克索斯人（Hyksos）之一。希克索斯人從主前十八世紀的漢摩拉比時代開始統治埃及，直到屬同一時代的主前十四世紀中期。那時候，老的埃及王室傳統再一次表明他們的地位。這些後希克索斯法老裡的一位是阿克納頓（Akhnaton）。曾經有過一個短暫的時期，他下令在埃及只可以公開崇拜太陽神阿頓（Aton）這位唯一的上帝。這單一的改革在冒犯一些既得利益者（所有其他神教的教士和信徒）情況下實行，而且不久之後被繼任的法老——強有力的圖坦卡曼（Tutankhamon）——宣布廢除，從大眾的記憶中抹去。這位「不知道約瑟」的法老很可能是賽提一世（Seti I）。他在圖坦卡曼之後三十四年、阿克納頓之後大半個世紀登基爲埃及君王。

這位法老（聖經裡沒有給他專有的名字，作者似乎連這麼一點尊嚴也不願意給他）被一種恐懼感圍繞著。這恐懼感是如此地嚴重，簡直可以稱之爲妄想症；他害怕有如此多的「以色列的後裔」，他們甚至可能「比我們還多得多，並且強大（數目上的）」——明確的妄想症徵狀，因爲以色列人不可能會變成那樣眾多，而且「如果發生戰爭」，這些人可能「加入敵人的陣營，與我們作戰，或棄此地而去」！他的解決之道是壓迫以色列人成為工役，為他建造比東（**Pitom**）和拉米西斯（**Rameses**）規模宏大的儲藏城市。

他仍然擔心以色列人的數量，他曾經無助地企圖得到助產士的合作，預謀集體的大屠殺——以色列將忍受的第一次，但不是最後一次。他召來兩名被稱為「希伯來助產士」的婦女。這位聖經作者記錄了兩位地位卑下的婦女之名字：施弗拉和普阿。這和他以不給人稱來處理全埃及神王法老的態度正好相反。記錄她們的名字，好像將她們從久遠的歷史中叫喚出來，我們幾乎可以看到她們站在法老的面前。年輕漂亮的那個有著年輕漂亮的名字，年長樸素的那個有著年長樸素的名字。她們靜聽法老的咆哮：

「妳們為希伯來婦人接生，當她們臨盆的時候，看清楚那兩個石頭，
若是男孩，就把他殺了；
若是女孩，就留她存活。」

有人持異議，認為這不可能是歷史上的一幕：如果要殺掉一群人，一定要殺掉他們的婦女——製造嬰兒的工廠——而不是殺男人。法老所驅策的在兩個層次上不合理：他試圖

毀壞他自己的勞力資源，而且以沒有效率的方式去做。還有，如果以色列人數已經劇增到要加以屠殺的地步，光靠兩個助產士是不可能完成任務的。

至於「那兩個石頭」又是什麼呢？（如有些聖經評註者所想的，）可能是中世紀時代生產用的椅凳上的一些規矩。但是爲什麼多於一個？聖經有時候採用委婉的詞語來描述性器官（尤其是男性的）。對我而言，這話的意思很清楚：當助產士一旦看到出生的嬰兒有睪丸時，她就要悶死這個嬰兒。

還有，爲什麼我們要認爲法老做事有條理？我們不是已經看到了他是沒有理性的人嗎？（他不是認爲以色列的人口比埃及的「多許多、而且強大」嗎？）可能只有在法老的眼中，以色列人口才「成群地劇增」，好像他們是繁殖的蟲子一樣。他是個軟弱的、被妄想困擾的神王，害怕以色列人的潛力。這不很像美洲南部無能力的農莊主人害怕黑奴的潛力嗎？尤其是那些有「兩個石頭」的。納粹黨之企圖消滅以色列人，會比法老（這個比較沒有效率的做法）有理性嗎？我相信我們在這兒看到的是對一位沒有安全感的埃及狂人的幾筆靈巧的描繪。這位極具權勢的神王深怕另有他人會比他更有權勢。

這位敘述者繼續地以他一貫的簡潔方式說：

「但是，
接生婆敬畏上帝，
不照埃及王的吩咐行事，
竟存留男孩的性命」。

多麼簡單美妙的詞語。因爲她們屈服於眞正的力量，而非無意義的表演，所以她們做了正確的決定。有一點不太清楚的是，這些「希伯來接生婆」自己也是許諾之地迦南的後裔；她們可能是相信眞正的上帝的異教徒，她們可能像埃及人夏甲一樣，可以看到上帝。但是從她們強烈的道德判斷來看（「她們讓孩子們存活」），她們是有才幹的人。她們是眞正的人，值得留名青史，不像那位渺小的神王。我們也不宜忘記她們是女人，她們敏銳地內省事物深切的眞理，比起任人擺布的撒拉或那位爲了保住自己性命、情願犧牲妻子的亞伯拉罕，更邁出了革命性的一大步。

下一個螺旋的轉動更令人滿意。當法老知道助產士沒有遵從他的命令時，他暴躁地再一次召見她們：「妳們爲什麼作出這樣的事？」

接生婆對法老說：

「因爲希伯來婦人和埃及婦人不同；

希伯來婦人本是健壯的，

接生婆還沒有到，她們已經生產了。」

再一次，我們回到美洲南部的農莊，那兒嬌生慣養的「淑女」們，需要藥物和護理人員來幫助她們，免得在熱天裡昏倒；而奴隸婦女們如此地充滿生命力，她們生產嬰兒完全不費吹灰之力，就像穀場的動物一樣，而且那些被壓迫的人，以表面上的天眞率直來顚覆大地主。

這位被激怒的神王更加不講理了，下令此後要將所有希伯來新生的男嬰丟到尼羅河裡。因此，我們被引介了一位希伯來母親、一位婦女：

那女人懷孕，生一個兒子，

她見他俊美，就藏了他三個月，

後來不能再藏，

就取了一個小蒲草箱，
抹上石漆和石油，
將孩子放在裡頭，
把箱子擱在河邊的蘆荻中。
孩子的姊姊遠遠站著，
要知道他究竟會怎麼樣。

這段可愛的文字充滿了關心和珍惜。很難得的，這位敘述者讓他自己停留在那些極其微賤的事物上，例如石漆和石油。他呈現給我們一位愛心媽媽和一位愛心姊姊，這位姊姊同時也表現了我們認爲亞伯拉罕後裔所具有的富於機智的特色。這段故事的其他情節是如此的眾所周知，在這兒我只需作個摘要：法老的女兒（聖經裡一系列曾經見過上帝的人物之一）在尼羅河洗浴時，瞥見蘆葦草叢裡有隻小方舟，她看見了那孩兒，憐憫他（雖然她十分清楚，他是「希伯來孩子之一」）。孩兒的姊姊立刻切實有效地志願幫這位公主「從希伯來人裡」找個保姆——找來的保姆後來證明是這孩兒的母親。這孩兒由於婦女們對生命的默契，而從死亡邊緣得救。他因此得以埃及王子的身分、由秘密的猶太母親❸照顧，長大成爲能了解權力和關係、同時也是個在仁慈與愛的懷抱中長大的人，兼得兩方面最好的。那位公主給他取名爲摩西，意思是「拉出來的他」。

這是所有我們需要知道的有關摩西幼年時期的事。在接下來的一景，已經成人的摩西做出我們對他預期的行爲：「他去見他的兄弟們，並且看出他們的苦惱。」被呵護長大的王子與那些處劣勢的人有認同感；眼見埃及人重複地毆打他的一個兄弟，他將那個埃及人殺死並埋葬在沙土裡。隔一天，在預示摩西未來莫大痛苦的命運之一幕中——他「頑固的」臣民中吹毛求疵的敵對者——他中止兩個希伯來人的格鬥，其中錯的一方卻頂撞他說：

「是誰選你做爲王子並且管理我們？
難道你有意要殺我
就像你殺死那個埃及人一樣？」

因此「東窗事發」；相關的閒話接踵而來，爲了摩西的罪行，法老要將他處死，弄得摩西別無選擇，只有脫逃一途。

摩西在米甸地找到避難所，在那裡葉忒羅給他住所，還給他牧羊人的職務。他與葉忒羅的女兒西坡拉結爲夫妻。摩西爲他們的第一個孩子起名爲革舜，適切地賦予寓意：寄居外邦的人。「因爲他說，」如欽定本聖經所述：「我是個處在陌生地的陌生人。」而這個陌生地即將爲這個陌生人帶來有史以來最奇怪的經歷。

摩西，看顧著葉忒羅的羊群，帶領著羊群「到曠野之外」，來到一座名爲何烈的山（西奈山的別名）。藉著稱呼這地方爲「神的山」，這文章提示我們某件不平凡的事即將發生。但我們沒有理由懷疑，摩西期待著任何比牧羊更消耗精力的工作天。摩西從他的眼角看見「矮樹叢中發出的火焰」。由於在沙漠中任何動靜都會成爲異常現象，他停下來查看這個不尋常的景觀，注意到「矮樹叢正燃燒著，而矮樹叢卻沒有被燒毀」！雖然，沙漠的燥熱是游牧者必須長期警惕、盡力對抗的，摩西卻決定「站在一旁以便查看這偉大的景觀——爲什麼那矮樹叢沒有被燒毀」！

當摩西向火焰走近時，神從「荊棘的中間」出聲，像祂曾經在晤面之山呼叫亞伯拉罕的名字一般，兩次叫出摩西的名字（和亞伯拉罕用來回答神的語句一模一樣）：

「摩西！摩西！」

他回答說：

「我在這裡。」

祂說：

「不要靠近這裡，

把你的鞋從腳上脫下〔就如阿拉伯人仍然在聖地脫去鞋子一樣〕，

因爲你所站立的地方——正是聖地！」

祂並且說：

「我是你祖先的神，

亞伯拉罕的神，

以撒的神，

和雅各的神。」

在這個突破數百年沈寂的剎那間——這個完全出乎意料的持續顯示——摩西，這位應該不至於未曾爲這種情景做好心理準備的埃及王子，表現出家族長老們罕有的懼怕：

摩西遮掩他的臉孔，
因爲他怕自己會凝視神。

但是神對他揭示：除了顯像（或缺乏顯像），祂從未離開崗位：

「我曾經眼見，是的，眼見我在埃及的百姓們困苦，
我從他們奴役者的臉上聽見他們的哭泣聲；
我確實已經知道他們的苦楚！
因此我已降臨
要來將它由埃及的手中拯救出來，
要將它從那片土地帶出來，
到一塊美好而廣闊的土地，
到一塊流著奶與蜜的土地……
因此，現在去吧，
我要打發你去見法老——

將我的百姓，以色列人，從埃及帶領出來！」

此刻，在炙熱沙漠中的摩西臉上，因他面前的火焰而倍感燥熱，聆聽著一個自雅各時期後就沒有人聽過的聲音，一個吩咐他去到他所逃避的人面前、去達成一項不可能的任務的聲音。像亞伯拉罕，他從不懷疑自己感受到的訊息——這是千眞萬確地發生著——不過神未免不夠實際：

「我是何等人
竟能去見法老，
將以色列人從埃及帶領出來呢？」

神的回答完全不管摩西對他自己的看法。因爲這項任務並不倚賴摩西的能力，而將依賴神的力量來達成：

「確實，我必與你同在，

這是我親自差遣你前去的證據：
當你將百姓從埃及帶領出來時，
你們必將（都）在這山上事奉我。」

此時的摩西一而再、再而三地提出異議，徒然地希望能阻止神。他設想，以「你們祖先的神差遣我來」的訊息面對以色列人，只會得到他們懷疑的反應：「他們會對我說：『他叫什麼名字？』」這個受法老監護、刮鬍淨面、風範舉止都像個埃及人的摩西，在那些骯髒的奴隸眼中，很難被視爲可信賴的神之使者，他們會毫不留情地質問他，直到看穿他虛張的聲勢爲止。

神的回答可能是聖經裡最大的奧秘。祂告訴摩西祂的名字是：

「YHWH。」

這是什麼意思呢？書寫的古代希伯來文沒有母音；等到中世紀開始將母音附加在下面而與子音摻和使用時，神的名字已如此地神聖，從未被人稱呼。即使是早在第二聖殿時期的古典時代，只有總祭司能夠稱呼神的名字——而且只有在每年一度的基督贖罪日的祈禱中提及。自從主後七十年聖殿被摧毀後，沒有任何猶太人曾經再稱呼神的名字。從那個時候直到現在，虔敬的信徒在他們的聖經內容裡仍避免使用這個字，當讀到 **YHWH** 這個字時，他們便以「**Adonai**」（上帝）來取代。許多正教信徒甚至更進一步地拒絕說 **Adonai**，而以「**ha-Shem**」（祂的名）來取代。因此，在這樣一段長時期之後，我們已失去適當說出這個由子音表現的字的特有知識。希伯來文的正確意義，尤其是動詞，時常有賴於知道母音的讀法——而 **YHWH** 無疑是個動詞；不知道怎麼發音，我們便無法確定其意義。

可堪告慰的是，從可靠的知識中，我們知道神（God）是個動詞，不是名詞或形容詞。祂的自我描述不是靜態，而是動態的，是適乎旅行之神的。**YHWH** 是動詞 to be 的古文形態；當所有的註釋都被列入考量之後，只剩下三種具有明顯可能性的傳譯，它們之間沒有任何互相衝突。第一種譯法，我是誰是（**I am who am**）：這是古希臘語舊約聖經（**Septuagint**）對希伯來聖經的翻譯，由於其年代及與古代相連的關係而佔有重要地位。湯瑪士・阿奎那（**Thomas Aquinas**）在第十三世紀時引用這個翻譯來建立他的神學論，認爲神是唯一具有存在精華的生命，其他的生命全是憑神而來的，神是生命的本體。對此一思想更確切的翻譯是：「我是成全萬事萬物的他」（**I am he who causes**〔**things**〕**to be**）

——也就是，「我是創造者」（**I am the Creator**）。第二種譯法，我是我（**I am who I am**）——換句話說，「不干你的事」或「你不能以祈求我的名字（因此我的精髓）的方式控制我、待我有如你的家庭守護眾神之中的一名」。第三種譯法，我會與你同在（**I will be-there with you**）：這是福斯的翻譯，承續著布伯（**Martin Buber**）和羅森維格（**Franz Rosenzweig**），強調神持續地存在於祂的創造之中，祂與我們同在。

當我們面對神名時，該如何發音呢？當然，我們可以用「上帝」來取代完全由古希伯來子音組成的 **YHWH**。其他人或許會大膽地嘗試發音爲「**Yahweh**」（如使用英語的人通常的發音法），或「**Yahve**」（法國人和德國人的發音），或甚至「耶和華」（**Jehovah**，常見於新教讚美詩歌中。是由於不適切了解陳舊中世紀抄本而產生的錯誤發音）。但是對我來說，當我嘗試著不要依靠母音來讀子音時，我發覺自己只是在吸氣，然後吐氣，藉著語氣的加強，神在這情況下變成生命的氣息。這位祖宗們的神，現在顯示爲燃燒但不被焚毀的矮樹叢中的神，是比祂以往所作的任何顯現都來得令人敬畏——不僅是因爲那煙火，也因爲這個救世主之顯現的象徵性本質，暗示著這位神是如火一般地危險、暴燥和清除罪惡的，可以在我們之間燃燒而不焚毀我們。

神向摩西解說在法老面前事情會如何進行，直到神「以我的全能」攻擊埃及，法老是

「不會允許你離開」的；祂並且賜予摩西數項能力，可以在大眾面前施行奇事。但是此刻，摩西提出他最嚴重的異議：

「請求你，我的上帝，
我一向不是能言善道的人……
我本是口舌笨拙的！」
神對他說：
「是誰創造人們的嘴巴呢……？
現在，去罷！
我會指示你應當說的話。」

摩西繼續拖拖拉拉地，因此「神對摩西發怒」——而且不是最後一次。最終，神向這個口拙的牧羊王子提議，用他的哥哥亞倫作爲發言人：「他要作爲你的口，而你，你要作爲他的神。」於是「摩西出發前去」。在這個經歷世代、神揀選祂的代表人的冗長過程中，一直保存由亞伯拉罕建立的模式：他們或者會激烈地反對，但是接下來，當一切都已說盡做盡，他們勇往直前。他們保持堅定的信仰——充滿了信心。

但是摩西仍是未經雕琢的埃及王子，不是熟悉習俗的以色列人，因此在返回埃及的途中，「神與他對立，想要令他死去」——通常翻譯成「要殺死他」。在服侍丈夫的長久傳統之下，他的妻子西坡拉立即直覺到事情不對勁。「西坡拉拿起一塊打火石，割下她兒子的包皮，她將割下的包皮觸碰到」摩西的——我們通常會翻譯下文爲「雙腳」或「雙腿」。但是，同樣地，每當提到生殖器官，尤其是男性生殖器官時，古希伯來文獻是謹慎抑制的。西坡拉將她兒子的包皮觸碰到摩西的陽物並且叫道：「你眞的是我的血新郎了！」

這必定是這麼一個情景——旅居異鄉的小革舜，在角落裡哭喊著；血從他的身上滴下，沿著西坡拉的前臂流下，塗沾在摩西的包皮上；西坡拉混亂地、勝利地叫喊；突然撤消的神怒。這不是能被所有的人了解的故事，即使是那些比較能接受不同社會習俗的人們：血盟是件嚴肅的事。在這個古老的宗教環境裡，仍然回歸到對應關係，以及血的力量那種舊思想，讓自己的包皮浸洗在兒子包皮的血裡，便算是接受過了割禮。

這位神顯然不屬於任何已知的「十二步驟程序」中的一員。套用我們今日使用的術語，祂是很不「支持別人的」，很不「包容一切的」——祂絕不是親切的。或許祂不屬於像我們這個時代的神，而屬於比較激烈的時代，好比雅各時期，一個不那麼容易粉飾的時代的神。「敲擊我的心，」多恩（John Donne）向這位怪異的神祈求：

我會升起，並且站立，打倒我，盡你的力量，
來破壞、吹打、焚燒，使我更新……
把我帶到你面前，監禁我，因爲我
除非你奴役我，永遠不會有自由，
也永遠不會貞潔，除非你凌辱我。

在這個血淋淋的事件之後，散發著一股新尋獲的信心，又有亞倫作爲他的發言人，摩西成功地贏得「所有以色列長老們」的信心。然後他開始接近可怕的法老——新任的法老，可能是賽提的兒子拉米西斯二世，因爲聖經告訴我們，在摩西看見焚燒中的矮樹叢之前，那位奴役以色列人的法老已經死了。

「誰是 YHWH？」法老詢問道：
「爲什麼我應該聽祂的話釋放以色列？
我不認識 YHWH，
並且，我不會讓以色列自由！」

這些是埃及的新任君王，在《出埃及記》中第一次出現時所說的話。這個問句的用詞，就像是大型歌劇中確認音樂的一段音符，給了我們這位法老的個性的主要「音符」。這個問句是公開法老心思的鑰匙。還有，它不但是《出埃及記》的中心思想，也是組合成被我們稱爲聖經的眾多篇章之中心思想——到了這樣的一個程度，幾乎可說是這些經卷所提出的中心問題。

誰是 YHWH？無論我們如何的傳譯，神的名字意味著最終的主權：祂是無可迴避的（He-Whom-There-Is-No-Escaping）。即使在這個有關以色列神干涉人類事務的故事之最早形態，這個思想必定早已是絕對的——而它也是以色列人在不同的時間裡、以不同的方式養成了習慣的一個想法。習慣到如此的地步，法老的問句必定令首先聽到這故事的聽眾，感到一種令人滿足的諷刺口氣，甚至一種殘酷的詼諧口氣，尤其滿意於其諷刺沒有被這個自任不凡的小人物察覺。誰是神?法老即將知道。他的耳朵即將被摑打——只不過他沒有察覺到罷了。對於那些首先聽到這故事的聽眾們，「誰是 YHWH?」聽來似乎是法老壞運臨頭的不祥之音——就好像在比才(Bizet)的《卡門》(*Carmen*)中，預示卡門橫死結局的著名五音樂句。

十個天災的故事裡，每一個降臨在埃及人身上的災難，都是由於法老頑固地拒絕服從神要他讓以色列人離開他的領土的指令，這是眾所皆知、不必再細述的。每一次摩西和他的哥哥亞倫根據神的指示去接近法老，法老都予以拒絕。雖然他開始提出不能被接受的、較小的讓步了，天災已然一個接一個來到:尼羅河冒著血腥氣;一大群的青蛙(死了而成堆地潰爛)、跳蚤「在人和獸的身上」;害蟲成群橫行;牲畜的瘟疫、瘡災、冰雹災、蝗蟲災;「遍地黑暗」，以及最後的那場攻破法老硬心腸的災難(埃及所有長子的死亡)——從「法老的長子」、所有埃及家庭的長子、到「一切頭生的牲畜」。

爲什麼法老如此頑固呢?神早就預知他會如此(「我很清楚那埃及的君王，除非他受到全能之手的逼迫，他是不會讓你們走的」)。神甚且聲稱自己對法老的態度負有責任(「但我會使他的心剛硬頑固，他不會准許百姓離開」)。因此，我們要認定那個法老只不過是另一個不能自主的爪牙嗎?然而，我認爲，文詞裡強烈地暗示:法老是依他的個性而行事——

就像任何被神聖地指定的偉大君王一樣。

在古代的埃及，法老是地上的神，是埃及的主要神祇瑞神（Ra，日神）存在的顯示。但是 ra'a 在希伯來文中也意味著「邪惡」；所以如果當時在位的法老是拉米西斯二世，他的名字——瑞神（ra）和摩西（moses）的綜合——在希伯來語的耳中聽來像是「他將邪惡帶向前來」，是摩西的邪惡版本。此外，在古世界的語法中，「X神的手」實際上是用來描述天災的慣用語，因此我們可以將重複出現在整個天災故事中的「YHWH之手」一語，視爲這類傳統而加以傳譯。如果在當時的埃及社會裡，諸天災被普遍視爲源自於神，那麼我們在此得到的是介於瑞神和 YHWH 神兩神祇之間的宇宙決戰的故事，藉用祂們兩位在地上的指定代表人法老和摩西來顯示。在這段傳譯裡，YHWH 神允諾摩西「我要使你在法老面前代表神」的話語，或許要比首先出現時有著更深的暗示。

無論怎樣，法老自認是日神的意識是具體的（他的渾名包括「日神之子」和「能幹的神」），這使得他頑固；而他的整個世界觀正瀕臨危險。如果他對這個自負的 YHWH 神讓步，那麼後果會不堪想像，因爲這些後果包括了對自然規律的控制。身爲日神之子的法老，擔負了確定尼羅河正常運作，以及土地豐饒多產的重責。古世界裡的混亂，特別是在自然界中的混亂，尤其是生產的縮減衰退，總是人們很大的憂慮——從技術的觀點來看，我們受到比較好的保護，他們當然比我們對這種混亂要擔心得多了。所以當神告訴摩西祂會「使（法老）頑固」，祂是指事情的根本性質：這是事情存在的方式；它們不可能以其他方式存在。神比任何人都明瞭事物（和個人）的本質，因為祂創造了自然萬物，就如祂面對祂的創造物時重複強調的：

「是誰賦予人們嘴巴
或使人口啞或耳聾
或目明或眼瞎呢？
豈不是我，YHWH？」

神知道法老是誰，因此能夠預見他無可避免的頑固。

但是在這故事裡，除了法老無可避免的頑固行為這個主題外，有更深的人類和神學的問題發揮著作用。身為創造者的神，對祂創造的萬物有著最終的主權；地上的主權交託給人類，只是一種從屬的方式——只要他們順從神的意願行事。法老必定失敗，因為他並不是如此順從的。法老所代表的神祇，在YHWH神面前是毫無能力的；他是如此地虛無，以至於在故事裡從未露過面：他的殘存就像最衰微的氣味，只有在詢求語言根源時才會發現得到。

故事的喜劇潛藏在諷刺性的並置之中：理論上應該是全能的法老，根本不懂任何事。如果說這個故事主張：權力能使你變得愚笨，蒙蔽你對自己眞實處境的了解——而絕對的權力會使你成爲絕對地愚蠢，這說法不算過分（因爲這故事是有關侵奪神的主權的徒然企圖）。首先聽見這個故事的是那些單純的、半游牧民族聽眾。他們了解到他們比法老要來得聰明：他們，絕對不像那偉大的（有青蛙在他四圍跳動、身上蓋滿馬蠅的）瑞—摩西（Ra-Moses），不會需要有接踵而至的十項天災來改變心意！並且這些聽眾也會感受到，他們也比法老更有權力的矛盾論調，因爲神是與卑微的人們、沒有世俗權力的人們同在的。這是個會在以色列故事中一再重複的教訓。

這正是法老要侵奪他所沒有的主權的藉口——正是他貫徹整個天災故事的行爲之眞正動機——是在《出埃及記》中被嘲弄的、給予故事諷刺性的一面。這個教訓是如此巧妙地以戲劇形態表現——十個不同的天災，其中任何一個都可能會勸服一個比較平凡的人——它就像商標一樣，深深烙印在記憶之中：當一個凡人擅自扮演神的角色時，他終必要慘敗到底的。

這個教訓的暗喻在當時是激進的，因爲在那時代沒有任何政治組織不聲稱自己是由神祇選定成立的。剎那間，這個破壞性的故事否認了所有聲稱神創的政治結構之合法存在資格——事實上，否認了所有古世界裡政治結構的合法性。而聲稱對 YHWH 神一無所知的法老，卻變成對祂認識太多，「哀號遍布埃及；因爲沒有一家沒有死人的。」

就像在他們之前的亞伯拉罕，以色列人從埃及被送走的時候，帶著埃及人給他們以鼓勵他們離境的「銀器、金器和衣裳」，比他們當初抵達時來得富有。「因此，」這故事簡潔有力地下結論：「他們剝奪了埃及。」他們也運走祖先的木乃伊——「約瑟的骨頭」。他們不走到迦南的明顯途徑——沿著當時被「海民」戰士腓力斯人（Philistines）佔領的海岸線——「免得百姓看見戰爭會後悔而回歸埃及！」神顯然擔憂這些祂已經決定支持的百姓們不夠剛毅，並且可能會用任何災難做爲藉口而回到他們以往奴隸的安定狀態。

他們的路徑——經由蘆海（Sea of Reeds，不是誤譯的紅海 Red Sea）的曠野——無法再尋得，也是無數學識爭議的來源。但是我們或許應該假設這個「海」比較像個沼澤而不是大量的水；當法老改變心意，遣派他所有的戰車和戰士從後追擊時，我們可能應該想像，我們所知的奇蹟多少不如通常將它戲劇化的壯烈程度。

當埃及的軍力向他們推進時，以色列人轉向摩西（沒有多久的時間，他們就失去了勇氣），哭喊道：

「難道因爲在埃及沒有墳地
你要把我們帶出來死在曠野裡嗎？
你爲什麼這樣地對待我們，帶領我們出埃及呢？
這豈不是我們在埃及對你說過的話，
說：『不要攪擾我們，容我們服事埃及』麼？
事實上，讓我們服事埃及人要比死在曠野來得好些！」

因此，在一瞬間，他們以這樣的方式回報摩西在他與法老長期戰鬥時持有的堅定，以及他克服自感不勝任的勇氣。但是摩西保持他的心智之冷靜，引用來自神的告誡：

「不要懼怕！
堅定地站立並觀看
神今日要爲你施行的救助，

因爲你今日看見的埃及，你必將永遠不再看見它！」

摩西，一位眞正的領袖，遵從神的指示，領著以色列人穿過「海」（可能是在低潮時的沼澤）。當法老和他的軍隊跟進時，他們被高漲的潮水阻擋，他們的輪軸陷在泥中，並且發現正處於被淹溺的危險。這些都被後代當作奇蹟般的勝利光榮地記憶：

但是以色列人穿過海的中間，走在乾地上，
水在他們的左右分開作爲牆垣。
因此 YHWH 神在那日自埃及人手中救出以色列人；
以色列人看見死在海畔的埃及人，
並且以色列人看見神的大手是反對埃及人的，
百姓們就敬畏 YHWH 神，
他們信服神和祂的僕人摩西。

我們不應對在這裡發生的某件不平凡事件質疑——它很快地發生並且爲所有人留下永

遠的驚異。以色列人，一群由一個開不了口的王子帶領出走的奴隸，勝過埃及人的所有力量。但是有多少生命牽涉在內——多少人死亡，多少人被拯救——還有，造成這個意外勝利的實際問題是什麼?這些事情可能會被爭執直到世界的末了。

故事內容包含著一首冗長的歌，想來是由摩西和以色列人唱出的，歌詞讀來像是源自古代禱告文的讚美詩之唱和部分。在其間，**YHWH**神被描述成一位戰神，還是所有神祇中最偉大的一位（「在眾神中有誰像你，噢，**YHWH**神！」）；而以色列被描述爲「你被拯救的百姓」，他們是「你引導成爲你的忠誠信徒」。這難以置信的驚人事件、從預期的災難和預料的失敗的邊緣，扭轉爲永遠的勝利，在全人類的想像力上留下深刻的印象——現在不只是亞伯拉罕或以色列的後代，而是**YHWH**神的百姓們——因爲沒有比這更早的，介於神和任何祂挑選的對話者的遭遇。這是他們的神，驚人之神，而他們是祂的百姓。

另外還有一首歌，這勝利景象隨之而落幕的一首簡短歌曲。在遠處的岸畔，不是那些潰敗的埃及人所能理解的，一位持著小手鼓的赤足婦女開始跳起舞來，所有的婦女跟著她「持著小手鼓並跳舞」。那是米利暗，以前從蘆葦叢中窺視，希望能保護她的幼弟的年輕女孩，現在已長爲婦人並且被她的同胞稱呼爲「女先知米利暗」。她的歌唱簡單明瞭，其希伯來文是如此的具有古風，很可能是從她當日舞蹈的岸畔流傳到現在；摩西之歌和所有的附帶的敘述，有一天也會由原來的文集得到：

「你們要歌頌上帝，
因爲祂的光榮勝利；
祂的馬匹和牠的騎者衝入海中！」

這個拯救的故事是整個希伯來經卷的中心事件。回顧這故事，我們可以看見所有的男女祖宗之流浪，以及他們和神之間增長的親密關係導致這個時刻的到來；從這岸畔來觀看後來的世代，我們可以看出，後來發生的每一件事都牽涉到這驚人勝利的一刻。下一章，我們會研討有關聖經史實性的頭痛問題——其爲歷史文件之可靠程度。但是現在我們足以確定，此時此刻，亞伯拉罕的後裔，這群滿身塵埃的烏合之眾，接受了一個他們保持至今的身分，並且記得這位黑髮不受任何約束的赤足婦女，在遠處岸邊以史前豐富的方式唱著歌、跳著舞。

❶聖經《創世記》裡的記載，十二支族祖先的名字（同時，也就是十二支族的族名）爲：呂便、西緬、利未、猶大、以薩迦和西布倫（雅各的妻子利亞所生）；約瑟和雅各的最小的兒子便雅憫，爲雅各的妻子拉結所生；但和拿弗他利（爲使女辟拉所生）；還有迦得和亞設（爲使女悉帕所生）。在後來的名單上，西緬這一支族往往消失在猶大掌控的土地上；祭司支族利未沒有土地，有時候便被刪除；而約瑟支族被分成他的兩個兒子以法蓮和瑪拿西兩族。

❷究竟是幾百年還頗有爭議，希伯來文聖經裡主要事件的日期請參考本書附錄三〈年表〉，希伯來文聖經內容的註譯表也請參考本書後面附錄二〈希伯來聖經〉。

❸「猶太」是我刻意採取的不合時宜的說法。後來成爲猶太人的，在這時期被稱爲希伯來或（也許）哈皮如（Hapiru）——意思是來自山區和沙漠「風塵僕僕的人」。就他們自己而言，他們是以色列的後裔。

4 西奈——從死到生

許多世紀以來，聖經《出埃及記》裡以色列人逃離埃及的故事，經由文學、歌謠和藝術反覆傳頌。令人驚訝的是，這個故事不屬於眞正的歷史，而是閃族一個小部落的史前傳說。當時這個閃族的小部落還沒有讀書識字，跟同時期其他強大的、識字的鄰近民族相比，是如此的不起眼，不足以出現在歷史記錄裡。當我們審視現存有關美索不達米亞和埃及的文學記錄時，並未發現有關以色列人的明顯記載。大部分的學者提出暫時的結論，認爲以色列人在主前十三世紀中拉米西斯二世時期逃離埃及。如果這結論是正確的，爲什麼在埃及的任何文字或銘文記載中找不到有關這不可思議的挫敗之記錄呢？當然，埃及統治者也許認爲這次的逃亡令他們蒙羞，就像許多的當權者一樣，他們不允許這樣的事件被忠實的記錄下來。換句話說，法老王軍隊溺水一事可能在歷經歲月後，在希伯來人的民間流傳中被誇大，而所有和埃及統治者利益相衝突的事最終都會被抹殺得面目全非（據我們所知，拉米西斯二世就是死於床上而非潮濕的墳墓）。我們或者可以乾脆地說，這次大逃亡根本就沒有發生過，只不過是一個捏造的故事，就像《吉爾伽美什史詩》，充其量只是用來滿足牧羊人夜晚消遣娛樂的需要。

這種假設雖然看似清晰誘人，然而它只能在不顧某些聖經經文裡不可否認的事實的情況下成立。其實，《吉爾伽美什史詩》與《出埃及記》，甚至《吉爾伽美什史詩》與《創世記》之間，有著眞正的區別——亦即文筆上的差異、說法和風格的不同；然而最重要的區別在於其本質及作者索取資料的來源不同。大部分《吉爾伽美什史詩》的佚名作者，都以神話的筆調敘述故事，並未試圖讓我們相信故事中的任何事曾發生在某個歷史時期；反而無時無刻不提醒我們，那些事件發生在「從前」——換句話說，在原始的「黃金時代」而不是毫無意義的地球時間。吉爾伽美什的故事就像神祇們本身一樣，屬於星辰的領域，刻意被塑造爲聽眾的典範。聽眾相信，無論如何，既然所有發生過的、曾經發生的、或是過去一直發生的每件重要的、原型的故事，都發生在不重要的地球範疇之外的時空地段，那麼要替這些事找到一個清楚的時間點是不可能的。對於所有的古人來說（除了後來成爲猶太人的以色列人），我們所說的時間是不眞實的。眞實是天國的與理想的。對我們來說，繼承了猶太人的感受，正好完全相反：地球的時間是眞實的時間；而如果我們考慮到永生的話，永生是時間的終結（或者只是一種幻覺）。

整個聖經經文充滿了這樣的暗示：作者是嘗試在記錄某種歷史。當然，閱讀了《創世記》中族譜式的敘述，或《出埃及記》中逃離埃及的故事後，我們可以意識到，我們並非在閱讀什麼細說小羅斯福政府行政之類的歷史。編纂這些聖經故事的作者們，不像古德文（Doris Kearns Goodwin）一樣，能夠通過國會圖書館的目錄卡或電腦網路尋找資料。他們只是經由口耳相傳，獲悉他們所記錄下來的這些故事。事實上他們獲得這些傳說的兩三種不同的形式，就像歷經幾百年從一個商隊區流傳到另一個商隊區的故事一樣，有很多不同的版本。聖經作者們盡可能忠於他們的傳統，即使有時一種傳統與另一種傳統互相衝突。這些傳說故事具有某種特色——紮紮實實的細節，注意其正確性——使我們相信，作者自己確信他們編年記錄下來的主要事件都曾經發生過。更甚於此的是，「發生」本身最是關鍵：上帝對亞伯拉罕說話，要他離開蘇美前往陌生的地方；上帝跟摩西說，要他率領以色列人離開埃及，這些事不像《吉爾伽美什史詩》那樣是以倫理寓意作結的典型傳說故事。它們和那些古代神話，像《吉爾伽美什史詩》、伊索寓言或格林童話沒有任何基本上的關聯。如果愛神丘比特（Cupid）和賽姬（Psyche）或是美女與野獸的故事從未在眞實世界發生過，沒有人會因此而較爲不幸。然而，如果亞伯拉罕和摩西沒有存在過，或者他們並未受到上帝的任何委託，整個故事將變得毫無意義——甚至從遺傳角度所認知的「猶太人」，或者自詡爲亞伯拉罕後代的基督教徒和回教徒也變得毫無意義了。

我們在這裡看到的是人類理性史上重大轉捩點之一——絕大的價値標準轉換。此前，對於蘇美人（以及除了猶太人之外的所有人）來說，永恆才是眞實的。此後，猶太人慢慢地變成（我們則一直如此認爲）：古今各地發生的事才是眞實的。我們的嘴不斷重複著這樣的問題：「那件事眞的發生過嗎？」然而這個問題對任何古代文明來說毫無意義。對古代人而言，沒有任何新鮮的事會發生，除了偶爾出現的離奇事物。地球上的生命遵循著物換星移的定律。曾經發生過的事，經過一段時間後，必會再次發生。像伊底帕斯（Oedipus）和母親結合，毫無疑問是荒誕的。任何令人驚奇的事物都將避免。智者尋求的是可預測的、可重複的、典型的、永恆的事物。人只有與輪迴達成協議，才能得到內心的和平。

在聖經頭兩本書的敘述中，以色列人不僅創造了歷史，還把「新」當作正面的價值。若不是有了猶太人這種價值觀，我們甚至無法作廣告競爭（因爲通俗廣告總是不斷地以「新」和「革命性的」改進來鞭策觀眾）。現在說這些看起來好像不重要，然而古代世界沒有「商業廣告」會鞭策「新」這個觀念。蘇美人的啤酒之所以好，是因爲它與永恆以及負責管理這類事物的典型女神有關。如果製造商宣傳他的產品是一種特別的、聞所未聞的新產品，他幾乎等於是企業自殺，因爲沒人會喝他的啤酒了。以色列人，作爲第一批——在心理上——生活在眞實世界的民族，也是第一個重視「新」的價值及接受新奇事物的民族。爲此，他們徹底推翻了所有其他古人的世界觀。

過去之重要，已經不再因爲它能提供給我們範例，而是它能將我們帶到現在：過去是我們旅程中的第一站，我們祖先的旅程。重述他們這些生活的故事時，我們有重大的義務，將這些歷史加以整理。我們不只是創造文獻，我們是在重述與人有關的、曾經發生過的故事。這些故事造就了今天的我們。

正是這個使命驅使以色列人如此重視他們的宗譜——記錄下誰的兒子是誰，甚至像妻子們這類通常無足輕重的人物的名字。雖然我們不期望這些文獻編纂者——《創世記》和《出埃及記》的作者，在那些大事件發生了的幾個世紀後，總算整理出那些大量的混亂的口頭資料的人——是專業的歷史學家，能夠一而再、再而三地根據留存下來的古代資料核對事實。對他們基本上要忠於他們的資料、編年記錄眞實事件的動機，我們也不應質疑。

在一個完全不同的年代，有著語言學及文獻之輔助，以及足以讓聖經作者大吃一驚的環境，我們閱讀他們的作品，很容易發現許多錯誤。比如說，我們知道，《出埃及記》的作者把摩西當作是希伯來名字，但實際上是埃及名字，這只顯示了他們之忠實。雖然，他們誤導地試圖闡明這是個希伯來名字，卻無意中留給我們這樣一個線索：他們所敘述的人物確實是以埃及人身分長大的，很可能是由法老的女兒命名的。這就爲摩西故事的眞實性提供了間接的證據（或至少他不是個虛構的人物）。否則，聖經作者如何能夠無意地在聖經裡寫下這些間接的證據？類似地，用「血新郎」這種奇怪的事件來呈現上帝（故事中的英雄），如此奇怪的觀點，通常會被任何一位想要筆下人物能呈現一致個性的作者刪除。只因爲它是口頭傳說中的一部分，無論它與作者意圖建立的全知全能、實現祂的目的的上帝之形象多麼相悖，無論那誘惑有多大，文獻記錄者不能夠任意地加以粉飾。

當然，我們借助優秀的原文分析工具，那些不一致、不協調的傳統，不適當地被並列一起，這類明顯的錯誤都突顯出來了。在我們之前，這是無法作到的。然而，容或我們看出了這些故事如何在長時間裡建構而成，我們不能因此忽視它們的偉大成就：這是人類第一次試圖敘述歷史。這個歷史影響深遠，因爲人們的認同感是與此緊密相結合的。

對古人來說，未來只是過去的重演，而過去又是天堂戲劇在地球上的重演：「歷史不斷重複」——這是假的歷史，不是歷史而是神話故事。對猶太人來說，歷史充滿了倫理道德的教訓。然而道德不是歷史的重複，而總是一些新的事物：是個經由時間而逐漸明朗的過程，除了至今從上帝那兒得知的一些對未來事件的啓示之外，其方向和終點是不可知的。未來也將不會是過去發生過的。確實，未來的唯一眞實性是：它還未發生。它是未可知的，不能通過觀察星象或內審這類的徵兆而得悉。我們不能控制未來。更進一步的說，甚至上帝都無法掌握未來。因爲未來是集體的責任，是現今人們的行動造成的。有鑒於此，這種未來的概念第一次給予我們希望，而不僅僅是舊事物的重複。我們的命運尚未註定，沒有被限定在某種預設的運途裡；我們是自由的。如果有什麼事情發生，我們是解放的——像以色列奴隸度過蘆海那般地解放。

這種新的奇妙的時間感，並不是突然間就降臨在以色列人身上，它發軔於亞伯拉罕被召喚離開他的土地與人民，前往一個未知的目的地的那個時候。這發展成爲摩西的天職，率領他那些成爲奴隸的人民離開神祇經常出沒、具有輪迴時間觀念的埃及環境。在埃及，任何可能的事物都已經產生，所有重要的問題都已經得到答案，一切都像那瞪眼直視、動也不動的法老塑像一樣，一成不變。在這兩次行程中，我們已經從個人（亞伯拉罕的目的地）到合作（以色列人的目的地）。我們從人們隨身攜帶以祈求好運的家庭守護神，到YHWH這個具有比人間所能鼓起的最大力量更強力的神中之神。結合這兩次逃亡的故事，給了我們對過去與未來的新感受——過去組成現在，未來則實在是未知的。

但是現在又怎麼樣呢？難道它只是個不値得詳盡敘述、介乎過去與將來之間轉瞬即逝的時刻嗎？不，它是個令人振奮的、所有接續下來的故事的白熱中心，是時間與永恆罕有的交會點，是上帝經常存在的時刻。這個猶太宗教觀點之建立，承認了此後以色列歷史上的傳教士、先知及國王們的美德與智慧。因爲它將這些人的技能及貢獻貫穿整個歷史，尊敬過去但不盲目崇拜，禮拜卻不畏懼未來不可知的神秘。他們僅將敬畏之心保留給上帝，既不立足於故事中的過去，也不立足於想像中的（或恐懼不安的）未來，而立足於眼前當今之時刻。

《出埃及記》中那群龍蛇混雜的逃亡奴隸，敬重他們對那長途跋涉、穿越沙漠的遠古祖先的記憶，正成功地由海岸逃出、向殘酷的沙漠現實生活推進。這沙漠是呈V字型、盤踞於埃及和迦南之間的西奈半島，屬於世上最荒蕪的地方之一。人們是很難想像這樣一個不易生存的地方——毫無舒適可言、步行幾小時都看不見一絲綠意。它是如此乾燥的地方，沒有經驗的人可能隨時會耗盡最後的水分死亡，感覺就像超自然的脫水過程那樣。與其相比，比較溫和的施洗約翰的猶太沙漠看起來簡直就像一片綠洲。

然而這個沙漠帶來的並非死亡，卻是主的顯現，一個在整本聖經中最瘋狂、令人筋疲力盡和驚嚇的主的顯現。當人們穿過令人沮喪、貧瘠的汛的曠野（位於以琳和西奈之間）時，他們一再抱怨。他們無法找到可以飲用的水；食物快吃光了，後來連一點水都沒有了。上帝對每個抱怨都給予滿意的答覆：將不能飲用的水變甜；賜給人們鵪鳥及一種稱之爲嗎哪（mahn-hu）❶的澱粉；指引摩西敲穿岩石讓泉水流出。然而，儘管人們那些沒完沒了的抱怨都得了到神奇的回應，人們仍然繼續往回頭路走，即使因此死於埃及人的俘虜，他們也渴望得到（聖經裡令人難忘的措詞）埃及的美食。

這時的摩西需要上帝的鼓勵，因爲光憑他自己缺乏敏銳的政治洞察力。甚至在此刻出現的摩西的岳父葉忒羅，在觀察摩西獨自坐著解決每個糾紛之後，對摩西之缺乏組織力表示失望。「當百姓從早到晚都在你左右，」摩西解釋說全靠他來維持和平：「在人與人之間作裁判。」

然而，葉忒羅明理地喊叫說：

「你這做得不好，
你和這些百姓必都疲憊，
因爲這事太重，
你獨自一人辦理不了。」

作爲世界上的第一個商務顧問，葉忒羅建議摩西組織一個中級管理組，以便專心處理一些當務之急：

「應該要這樣，

大事都要呈到你這裡，
小事他們自己可以審判。」

即使葉忒羅此刻的短暫出場也是神的意旨。因爲以色列篷車隊這時正向山區前進。這座山正是上帝第一次與摩西對話並允諾再次對話的地方。在這次新的對話過程中，當摩西沒有出現的時候，我們可以清楚地看到，如果沒有摩西新近任命的中級管理階層，抱怨的人群將會演變成無法想像地混亂。正如我們所看到的，人們並沒有表現他們的優點。

在摩西登上這座恐怖的山之前，上帝向他傳遞信息，要他寬慰那些心情變化無常的人們。上帝的啓示正是人們所需的：

「我向埃及人所行的事，
你們都看見了，
且看見我如鷹地將你們背在翅膀上，
帶來歸我。
如今你們若實在聽從我的話，

遵守我的約，
就要在萬民中作屬我的子民，
因爲全地都是我的。
而你們要歸我，
作祭司的國度，
爲聖潔的國民。」

就像早期猶太學專家在他們註釋中指出的，這偉大的上帝 **YHWH**，獨自統領萬事萬物，在這個時候採取求婚者向他仰慕的婦女求愛的姿態，耐心地解釋：他對她如何地重視、他對他們未來一起的生活有多麼高的期望。人們此時正期盼著比他們經歷過的更有價值的事物。摩西知道他必須獨自登山，而上帝告訴他，雖然祂會站在「厚厚的雲層裡」與他相會，人們會聽到「我與你的對話」。

至此所有的準備事項業已完成——人們已經沐浴齋戒，並被告知不要接觸那座山——此時顫動不已的山籠罩在煙火之中，是一座活火山；而正是這劈啪的聲響，激勵摩西必須攀登，他是唯一有資格去見 **YHWH** 的人。他攀向炙熱的濃煙。然後，沒有絲毫先兆、不知從哪兒冒出來，上帝發言了。這篇神論不僅傳播到當時聚集在山腳下的上帝的選民，更歷經歲月，在億萬個男男女女的心中回響。

「我是你們的上帝 YHWH，
曾將你們從埃及的奴隸之家領出來，

「除了我以外，
你們不可有別的神，
不可爲自己雕刻偶像，
也不可作任何模仿上天、地下、地底水中的形象，
不可跪拜那些偶像，
也不可侍奉它們，
因爲我 **YHWH**，你們的上帝，
是個善妒的上帝，

恨我的，我必追討他的罪，自父及子，直到三四（代），
愛我、守我誡命的，我必忠於他們，直到千代。

「不可妄稱 YHWH——你上帝的名；
因爲妄稱 YHWH 名的，
YHWH 必不以他爲無罪，

「當記念安息日，
守爲聖日，
六日要勞碌做你一切的工，
但第七日是對你的上帝 YHWH 當守的安息日，
這一日，
你和你的兒女、僕婢、牲畜，
還有你城裡寄居的旅客，
無論任何工都不可做；

因爲六日之內，
YHWH 造了
天、地、
海和其中的萬物，
第七日便休息，
所以 YHWH 賜福與安息日，定爲聖日。

「孝敬
你的父母，
使你的上帝 YHWH 給你的日子，
在祂的地上，
得以長久。

「不可殺人。

「不可奸淫。

「不可偷盜。

「不可作假見證陷害人。

「不可貪戀鄰人的房子；
也不可貪戀鄰人的妻子，
他的僕婢、牛驢，
和鄰人一切所有的；

眾百姓見
雷轟，
閃電，
號角聲❷，

還有山上冒的煙，
他們都發抖，
站得遠遠地。

人們向上對摩西叫喊：

「求你和我們說話，我們必聽；
不要神和我們說話，我們恐怕死亡。」

摩西向山下對百姓喊說：

「不要害怕！
因爲神降臨是要試驗你們，
叫你們時常敬畏他，
才不致犯罪。」

然而人們仍然遠遠的站立著，因爲摩西在高處，看來像被暴風雨吞吃似的。

這是「十誡」第一次在聖經中出現。然而由於其說法上與《申命記》第五章第六至二十二節裡的有些出入，我們沒有理由假設這段引證的話準確地記錄了上帝的話。對這些句子作語言學及文字的仔細分析後，以之和其他不同版本相比較（他們在本質上並無區別），大多數的學者得出這樣的結論：原文多半是像「你不可殺人」這類直接了當的簡潔語句。事實上每個句子簡單得甚至只有一個詞，也就是一個有否定字首的單音節祈使動詞。這樣，原文可能眞的是十個詞語——極度簡單、基本的指令，依次爲：「不可殺人」、「不可偷盜」、「不可撒謊」。即使是頭腦最單純的游牧者，也能記住這「十個詞語」（這是聖經的用詞，聖經並沒有用「誡律」這個詞），他們的十個手指便會不斷地提醒他們這十個生活準則。因此現代的讀者，如果對上帝的報復心態不滿——上帝不僅要懲罰他們，還有他們的子孫萬代——可以把這種警戒當作是在事情發生後，聖經作者沒有仔細考慮就加以記錄寫作的結果。

「十誡」確實的編號方式永遠是個謎。根據中世紀猶太人的傳統，他們傾向於將十誡區分爲：五個誡律是有關上帝的（誡律裡提到上帝名字的）、五個是有關人類的。十五世紀初期希波（Hippo）的奧古斯丁（Augustine）則劃分十誡爲：三誡是有關上帝的（合併第一句上帝自我描述的話和反對偶像崇拜的話語，這嚴格來說並不是誡令），另外七誡是有關人類的（把最後一個誡律一分爲二：第一個針對「鄰人的妻子」，這一項是出現在《申命記》裡的第一誡；第二個是「鄰人的財產」）。羅馬教會、路德信徒及英國國教徒，歷來都沿用奧古斯丁的劃分法；而希臘和東方的教會則通常採用那看起來最合理的劃分法：四個誡律有關上帝（即安息日誡律），六個有關人類。由於改革派的教會也沿用這種劃分法，因此它在美國最爲常見。

但正如大多數學者考慮到的那樣，如果我們過於注重細節（哪些詞才是原文？怎樣將這些文句劃分爲十誡？），那麼很容易就會偏離主題，忽略其眞正的意義。世上還沒有其他像十誡這樣的記載。當然，其他民族文化中，也有他們的道德準則，但總是以法律的形式出現（如果你那樣做，那麼就會有這樣的後果）；或是世故的忠告（如果你想過快樂的生活，那麼你就必須如此如此，而非這般這般）。因此我認爲，「十誡」空前絕後地爲人類提供了一個沒有理由的生活準則。由於這是上帝的準則，因此不需任何理由（除了幾個簡陋的記錄者的註解以外），也沒有詳細的描述。除了上帝以外，誰能如此權威地說十句（「你們可以」或「你們不可以」）這樣的話，而不需要進一步的說明？

切斯特頓（G. K. Chesterton）講過一個珠寶竊賊被牧師追逐的幾近完美的故事：福南

勃（Flambeau）是個非常自信的小偷；布朗（Brown）則是位謙卑的教區神父，因爲他理解自身的罪，所以深諳人心。故事結尾，神父置身於漢普斯特曠地（Hampstead Heath），在黑夜降臨之際，仰望著天空，坐在小偷福南勃的身邊；福南勃充滿幸福感，一點都沒有覺察到這位口齒不清、地位不高的神父，正是追蹤他的人。福南勃爲了偷一件貴重的宗教藝術品藍十字架（該文因此而取名爲「藍色十字架」〔Blue Cross〕），也穿著神父服裝扮成神職人員，以想像中僧侶式的虔誠，嘲笑「現代異教徒」那種「爲了個人因素而祈禱」的態度。他抬頭看著滿天閃亮的星斗，說：「有誰能看著這億萬群星世界，卻感受不到在我們上空可能另有精彩的宇宙，那兒的理性是完全不可理解的？」

「理性與正義，」布朗神父回答說：「掌握那些最遙遠或孤單的星星。你看那些星星，看上去不是很像一顆顆鑽石或藍寶石嗎？當然，你也可以任你喜歡地把它們想像成令人著迷的植物或礦物。試想想林立的金剛石，萬千的光芒；試想想月亮是個藍月亮，一顆巨大的藍寶石。但不要幻想，所有那些瘋狂的天文學家會對行爲的理智與正義作最細微的區分。不論是在貓眼石的還是光滑的珍珠上，你都能發現這樣的警句：『不可偷盜。』」

毫無疑問，布朗神父在此暗示那「十誡」著名的絕對性。它們是不辯自明的，它們也無法用辯解來抹煞的。它們不因時地而制宜，也不因特殊情況而被置之度外。它們不是辯論的議題，不是建議，甚至不是「十個挑戰」（就像近來的某本書，使我們聯想到這個現代術語）。它們令人一目了然，無法繞道而行，或（就空間而言，更精確的）說，無法在其下遁逃。它唯一的新義體現於它與現今西奈半島可怕的戰火硝煙之關係。由於「十誡」已經被永遠寫在人們的心上，它已被億萬人接受，當作是一種合理的、必須的、甚至是不可改變的準則。它永遠存在人們內在的核心——我們每個人都在沈默的深處攜帶著它——我們只需要大聲宣讀出來而已。

「十誡」首度被提起是在一個野蠻的年代，一個充滿了復仇女神與殘忍神王的年代（和當今我們的時代截然不同）。第一次聽到這些誡律的是一些粗魯的、簡單的、風塵僕僕從埃及逃亡出來的人，是那些徘徊於月形的西奈半島、過著赤裸裸的平凡生活、在熾熱火光之中求生存的人們。那時候沒有年代、沒有民族、沒有環境，唯一有的只是最直率、最殘酷的現實。我們應該不會吃驚，「十誡」的那些話絕不是說給那些有權力、生活舒適及講究的人們聽的。「十誡」是說給那時候在那地方的那些人必須接受的、沒有爭論餘地的「十句」眞理，並將之流傳。

對於不信上帝的讀者來說，至此他們應該是無計可施了。有關上帝的第一個誡律，對他們來說當然不是沒有爭論餘地，而是毫無意義，且讓不信上帝的人針對「十誡」中有關人類的誡律捫心自問要删減或增加什麼。我認爲這十誡對信仰者與無神論者都一樣是行爲的標。確實，沒有可以增加或刪減的。也許我可以加上一些有關生態平衡、種族歧視或性別歧視之類的；又或者我是那種人，可以加上關心自由市場之神聖或人類之團結所有一些近期才產生的話題。但如果我能夠窺透神秘的歷史面紗，看到那些髒兮兮、率直的面孔仰視西奈山之恐怖；如果我能夠想像那眾多的簡單靈魂跋涉歷史全程——歷來所有的平民百姓在這個星球的不可思議的、種種不同的環境和文化下所尋求的道德準則——我們就必須承認，要提出比「十誡」更完善的道德準則是不可能的了。在「十誡」中列出來的「罪」都是大罪，那些沒有明確提及的（比如拒絕給一無所有的人食物），則可由此而推論出來。當時的以色列人幾乎就是直接運用這個準則來訂定法令，例如他們把「遺棄寡婦及孤兒」定爲「謀殺」罪。即使是和西奈時代及文明相距很遙遠的時期，像西元一百年的漢普斯特曠地及兩千年時的中央公園，幾乎沒有人不知道，如果我們遵循這些誡律，我們的世界將會是完全不同的。這道理簡單而且不容質疑，甚至可以說是平凡無奇。但是，即使集中我們所有的機智，也是無法辦到的。

除了這種提出從未被提出的道德法則的創新性之外，我們還應該留意到比較沒有那麼革新性（但是也並非不重要）的有關周末的改革。這是從猶太安息日發展出來的。在猶太人之前，沒有任何一個先民曾經每周休息一天。創造天地萬物（六天）後休息（一天）的上帝，吩咐人們和祂一樣，要我們在一星期中有一天是祈禱、學習和娛樂（或再創造）的恢復時間。就是從這個「學習」（或從猶太法典的學習）開始，我們有了那鴻薩拉（Nahum Sarna）所說的那種「自我教育之一般義務」。以色列人成為第一個注重教育的人類社會，同時也是第一個視教育為普遍追求的——也是當權者應當為那些替他們工作的人們維護的民主義務。自由與創造的關係暗含在誡律的文字後面：休閒是自由人士特有的權利。那些新近得到自由的人，很快地便以這一天作為他們一周一度對自由的寧靜式慶典；休閒是創造的必要基礎，而自由的人有模仿上帝創造力的自由。安息日顯然是任何神祇曾經提出的最簡單健全的建議之一。生活中缺少這每七天有一天休息的人，將比較空虛而且不明智。

族長們又在西奈山上出現了，因為這些誡律又是一個典型的亞伯拉罕式的血約。割禮是這個「約」的外在標誌，十誡則是看不見的符號，是心的割禮。只要人們嚴守誡律，上帝將是人類的上帝，而人類將是上帝的人民，祂的牧師王國，祂的聖國。這是唯一的關係，特別地排除了人們膜拜其他陌生神祇的基礎。正如中世紀猶太法學專家指出的，這很像婚姻關係。又像現代的評論家認為的，這種關係像古代近東地區條約國之間典型的領主協定——像亞伯拉罕與迦南國王之間的協定——而血約與這些協定的最大區別在於：在血約中的國王就是上帝。

西奈半島呈現的眾多革新事物——像亞伯拉罕的一神教法典（雖然不否認其他神祇之存在，但只禮拜上帝）、像清晰表達的「義務」（或是後來康德提出的「絕對誡命」）、安息日的創立——沒有一項比這位偉大的神之出現更具刺激性。經由這個方式，成就了新一代以色列人對時間的理解。亞伯拉罕的旅程及摩西的逃向自由，改變了人們對於過去與未來的理解：過去是把我帶到現今這個時間地點的、我與我的先人的路程之總集合；未來則是尚未到來的未可知。過去是不可復原的，未來則是空白的。一個是固定的，另一個則不可知。對於過去只能後悔，面對未來只能焦慮。處於眞實、處於歷史，可能會是個可怕的經歷——難怪祖先們要通過創造時間和生命循環論來逃避這樣的痛苦，從而達到平靜的死亡。

但十誡這個禮物使我們得以在此時此地生活。過去所做的是補救；未來所做的是得不償失的擔憂，因爲接下來會發生什麼事我無可得知。我們所能控制的是現在——我們也只能控制現在這個時刻。這是個作選擇的時刻，決定是否要採取行動、是否要挖掘寶藏、是否要撒謊欺騙的時刻。這是個可以改變過去、使未來閃亮發光的時刻。而且，如此的實行既不需要後悔，也不需要焦慮。然而，如果我遵守誡律，我將可得到眞正的祥和。不過這並不是祥和地死亡、不是祥和地接受輪迴循環。因爲在作正確選擇的時候，我是空前未有地充分地活著。

「十誡」的準則逐漸賦予隨後的以色列歷史可靠和一致的結構，這在其他古文化中找不到。在留給我們的所有古代史詩中，眾神居住的地方——那個極眞實的神聖領域——證明了是不斷改變而且虛幻脆弱的。在那裡，宙斯（Zeus）被他貪得無厭的性慾所駕馭；伊施他爾則表現出令人無法了解的變態幽默；而我們這些地上的芸芸眾生，則生活在眾神們不可理喻的天堂式心情動蕩下施與的憐憫之中。甚至那些倒霉的、講究實務的流浪以色列人，亦是遠古世界的子民。他們試圖賦予他們的神HYWH一點兒人性——使他偶爾和外族萬神殿裡難以相處的眾神沒有太大分別的「嫉妒心」。然而，以色列人和其他古代社會之間世界觀的隔閡，只有隨著時間的流逝而逐漸地加深。

在這關節上，重要的是不僅要留意「十誡」原始性質——那種幾乎笨拙如洞穴人的品質——還應留意到「十誡」的靈活性。這是因爲，和任何有效率的聲明或憲章一樣，「十誡」並沒有作太多的說明，而這使後世得以根據實際的環境給予這些誡律闡述和說明，這種闡述和說明是當時西奈山腳下的人們無法想像的。我們已經留意到，以色列人對禁止謀殺的解釋包括了公平對待窮人的義務。通觀歷史，沒有其他的誡律受到比這更多的關注或更熱烈的討論，它至今仍被所謂的左派或右派、和平主義者或反墮胎者，以及積極反對死刑的或擁護死刑的各類人士所運用，作爲最終的裁決準則。但無論你是合資企業的總裁還是調解人員、是人權組織還是墮胎法申訴協會（NARAL）的支持者、是權傾一時的反共參議員赫爾姆斯（Jesse Helms）還是反對死刑的著名修女普瑞金（Helen Prejean），你都無法施壓解除這些誡律。

由於它缺乏回報，這些嚴厲的誡律使得那些相信來生的人躊躇不定。對那些贍養父母的人，神答應讓他們長壽，但無法允諾任何人永生。甚至沒有人考慮過這件事，除非將永生當作是空想的、不切實際的目標，就像《吉爾伽美什史詩》所敘述的：

> 神祇創造人類時
> 他們將死亡賦予了人類。
> 而把永生留在他們自己的掌中。

甚至長壽之許諾，都幾乎可以確定是後來添加的。因爲這是個空前的——而且也將會是絕後的空洞僵化的例子——美德是它獨有的回報。人類必須遵守那些誡律，因爲它們必須被遵守。

人類有某些本質拒絕所有這些誡律，而使之產生尖刻地反應：「是嗎？那是你想的，耶和華（YHWH）！」十九世紀著名的紐曼大主教（John Henry Newman）說過：「我們其實是本能地討厭宗教本身，而不是它的附加部分。大自然傾向於世間，上帝卻是在天堂。」確實，沒有什麼比具有不能上訴的誡律之宗教更不吸引人，沒有什麼比對美德的廣泛冥想會更快驅使人們犯罪。由於如此，我們應該不會對接下來發生的事感到驚訝。

以色列人的子孫們轉眼之間就破壞了幾乎所有的誡律。受摩西長時間沒有在西奈山出現的這個事實之激發，他們開始倒行逆施。他們迫使亞倫作一些事——亞倫則反射性地回頭採用先人世界觀的安撫效能：他搜集所有以色列人逃亡時帶走的金飾，熔化後塑造成偶像，這偶像是肉眼可見的符號，供給焦慮的人們崇拜。《出埃及記》中稱之爲「熔鑄的牛犢」，雖然這是從藐視偶像的角度來看。事實上它確實是一頭牛，也許凶猛而且怒氣沖沖是力量的原始象徵。正如聖經中亞倫喊道：

「這是你們的神，以色列啊！

祂領導你們出埃及地！」

接下來就是縱酒狂歡後的醉臥、屠殺牲畜、宴席、酗酒，還有，正如《出埃及記》書中謹愼地提出的「狂歡」——也就是，以異教徒儀式的態度進行放肆的性行爲。如我們所見的和埃及地區一樣，牛是美索不達米亞通常的神的形象。雖然我們並不能肯定，人們是否認爲他們是在膜拜牛神（也許他們只想敬拜YHWH，將祂當成站在牛背上的無形神祇）。他們顯然製造出可以看到的「雕刻形象」。他們將YHWH誤解爲祂的創造物。他們打破了頭兩項誡律。他們也冒犯了他們的先人——他們的先祖父母們——長期以來都避免偶像崇拜。而且，在他們狂歡的過程中，無法避免通奸及過度的性交。只要稍微用點腦筋，我們可能就可以下論斷，說他們已經打破了全部的十項誡律——在這麼短的時間內，即使打破其中一半，也算是很快的了。

同時，返回到西奈山時，摩西已經有了十誡的文字——「兩塊證據法版」❸——上帝如是說道：

「你的百姓，

就是你從埃及帶出來的，
已經敗壞了！」

上帝與人類之間的協議已經被打破——幾乎就在它被寫成的那一剎那間。人類不再歸屬於上帝，而歸屬於摩西了。上帝稱這些人爲「僵著脖子的」（根據欽定本），或是「硬著脖子的」（根據福斯本），就像硬心腸的法老王；上帝想取得摩西的同意去摧毀人們。他將利用摩西一個人來「成就一個偉大的民族」，就像他在大水災後利用挪亞那樣。

這是第一次（但絕不是最後一次）上帝選擇的代表人物和上帝爭執：

「YHWH 啊，
你爲什麼向你的百姓發激怒呢？
這些百姓是你用
大力和大能的手，
從埃及地領出來的。
爲什麼要使埃及人議論說：

『他領他們出去，
是要降禍與他們，
把他們在山中殺死，
將他們從地面上消除』？
求你回心轉意，
不發你的激怒，
後悔那（刻意地）惡意對抗你的百姓！
回想亞伯拉罕、以撒和你的僕人以色列，
你曾經指著自己發誓說：
『我必使你們的後裔，
像天上的星星那樣多，
並且我所應允的所有這些土地，
必給你們的後裔，
他們要永遠繼承為業。』
YHWH 讓他自己後悔，

不把所說的災禍降與他的百姓。」

好罷，事實上，YHWH只相當於一頭牛——對於人們決定將他塑造成這個模樣，他應該毫不驚訝。很明顯的，在當時——閃族這個奇異的小民族逐漸地從多神信仰轉向一神信仰的時候——他們將中東地區其他主要神祇的特質，都賦與他們心愛的上帝：他是風暴神，出沒於上天的雲煙火霧中，而他的憤怒就像他的雷鳴閃電一般，迅猛而具破壞性，如火山之突然爆發（有如羅馬的火神伏爾坎〔Vulcan〕）。正如我們見到的，這些神之暴怒的描寫，最終會被比較完美的對上帝之理解所取替。但就此時而言，我們對尚爲雛形的一神信仰有了簡單的認識。

我們也可以看到，上帝對以色列人「僵著脖子」的描述，後來成了基督教徒對猶太人的主要諷刺。也正是夏洛克（Shylock）的「僵脖子」及拘泥主義者堅持的一種過時了的報復道德觀，莎士比亞才能塑造出這麼一個不受歡迎的角色。我們可以假定，正是因爲猶太人的道德世界裡有個從不寬恕的上帝，所以他們從不寬恕、只知討債。應該也正是這種「猶太」特質，決定了中世紀時期反猶太主義者對猶太人的態度——直到晚近，在種族劣等論的支持下，中世紀時期的反希伯來主義（其實是一種人格謀殺）則被更恐怖的、「科學的」反猶論所代替。

正因爲被批判的猶太人表現出和上帝一樣的頑強個性，人們越發殘忍地樂於研究基督教歷史對猶太人的描寫（即使是早在西元四世紀，在克里索斯托〔John Chrysostom〕一流的、刻毒的訓誡裡）——而這個卻恰恰是基督教徒崇拜的上帝，其經文也爲基督教徒所景仰。中世紀的反希伯來主義與現代的反猶論，都是仇恨上帝的。他們喬裝成自我辯解地不容異說。基督教徒對猶太人的仇恨，其最終極的起源可能來自上帝的仇恨。這種仇恨者必須小心謹愼地不去了解這仇恨。爲什麼人會憎恨上帝？爲了尋求答案，我們也許只需回顧那赤裸裸的、毫無變通的「十誡」。

緊接著「十誡」的啓示之後，是一系列冗長的規定，塡補了妥拉（Torah）❹的後半部。到現在，這些規定被觀察敏銳的猶太人認爲是前五卷的中心部分。它們並不是從西奈山產生的，雖然文字的最後編纂者（西元前五世紀，在神出現於沙漠之後六百年）盡量讓我們相信它們是這樣的。它們是被後人硬塞進去的，粗俗地干擾原先的敘述，那些敘述主要是要管理那些定居在他們的土地上的百姓，而不是西奈流浪人的行爲活動。其使用的也是律師、祭司的語言，而不是說故事的措辭法。其中稱爲 **lex talionis** 的，是有關復仇的法則（即以牙還牙、以眼還眼、手對手、腳對腳），一直經常被用來說明舊約道德的粗糙性及它與閃族法令的共同性——事實上，lex talionis 這個詞在此之前幾百年，就已出現在漢摩拉比法典中了。

確實，人們感覺妥拉的許多條規令人退縮：「不容巫婆存活」，這句話在西方歷史中重複用來擺脫年邁不便的婦人，像賽倫（Salem）、麻薩諸賽（Massachusetts）；還有《利未記》中用來處決同性戀者，以及將犯了亂倫罪的人連同其受害者活活燒死的要求，實不足以吸引現代人的注意。還有，這整個冗長、不實用的混雜說明，代表了古代中東的普遍法規整體性的軟化——人性化。在古代中東法規中，不把人的手當作手，而將之視為偷竊麵包或為改善生活之努力的工具來處置。法規傾向於給貴族更多的權利，而幾乎完全不為下層人民考慮。在其他古代法典中偶然殘酷，像割鼻子、耳朵、舌頭、嘴唇（懲罰那些親吻他人妻子的人）、雙乳或睪丸，和舊約的法規無法比擬。然而，在這猶太法的敘述中，我們不能不注意到其假定的前提：所有的人，甚至奴隸，都是人類，而所有的人類生命都是神聖的；總是傾向於無權無勢者和他們的貧困，而非權貴者的財富；其中甚至有常見的、針對同情的誡令：

「不可欺壓寄居的；

因爲你們在埃及寄居過，
知道寄居的感覺。」

這種傾向弱者的態度，不僅在古代法律中，即使在整個法律歷史中，都是獨一無二的。無論我們的正義感有多麼薄弱，但只要有那麼一點兒，就還是猶太式的正義感。

當我們考慮到妥拉的指示是猶太法的基礎時，西方世界的主流傳統與猶太傳統之間的關係便暴露出它最弱的部分來了。猶太慣例法的主體原是用來支配人們的日常生活的，從晚近古典階段到現代已發展強大。例如《出埃及記》中有這樣一個句子：「不可用山羊羔母的奶煮山羊羔」，這可能是禁止殘忍——後來成爲大部分猶太飲食法典——的主要根據。他們把一切家禽肉類與乳品或乳製品分開，甚至更複雜地運用兩套碗碟和廚房用具。這些規定首先在妥拉詳細闡述，然後在西元二百年後期的猶太法典《米示拿》（*Mishna*）中發展，接著在中世紀早期的猶太法典《塔木德》（*Talmuds*）中進一步詮釋，最後由猶太法師（多半是後啓蒙主義者）再度註解而流傳至今。但是這些法規在相當狹小的、墨守成規的猶太人圈子之外從未造成太多的影響，從未進入西方意識、觀念的主流——因此遠超過這本書的討論範疇。千百年來由希伯來人所流傳下來沒完沒了的法律限制，賜與猶太法典中的

「塔木德」這個詞新的內涵：「分辨到瘋了的地步」。這甚至使得猶太人反對猶太人，因此甚至當今我們還能聽到超正統派不公正的指控，認爲那些形式靈活的猶太教並非眞正的猶太教。

但是，就算吹毛求疵地從挑剔它的稀奇古怪，這些法規仍然證明了這樣的一個事實：猶太人是世界上第一個建立整套有關生命及其義務之觀點的民族。猶太人並不認爲人們對法規與對智慧的需求，是兩個毫無關聯的領域（好比蘇美人、埃及人，還有希臘人那樣），他們想像：既然所有的生命都來自「生命創作者」，就應該從單一的觀點來管理。物質與精神、智慧與道德，都是同樣的：

以色列啊，你要聽！
我們的上帝耶和華（YHWH），是獨一的。

最重要的原則，不是「只有一個上帝」，而是「上帝是獨一的」。這個觀點不僅影響了西方哲學的整合性及普遍主義者的傾向，甚至也影響了現代科學。因爲生命不是一系列分散的經歷、受不同力量影響的。我們並非居住在一個支離破碎的宇宙，由變化無常、喜好戰爭的眾神控制。正如鮑伯·迪倫（Bob Dylan）所唱：

搖響那些鈴，親愛的瑪莎，
爲那可憐人的兒子。
搖響那些鈴，讓全世界都知道，
上帝是獨一的。

上帝和「那可憐人的兒子」屬於一起。因爲上帝是獨一的，生命是道德的連續體——而現實是有意義的。

縱酒狂歡的背叛之後緊跟著流血。摩西手裡拿著十誡那兩塊法版從山上下來，他聽見「合唱的聲音」——古代禮拜儀式中交互輪唱聖歌的特色——還看見「牛犢及跳舞的人群」。其間：

摩西發烈怒，

把兩塊版扔在山下

摔破了。

約定被徹底破壞了。摩西熔化了那個偶像，將之磨成粉末，混合了水，強迫以色列人的子孫喝下這令人作嘔的東西。然後，他責怪亞倫，幾乎於央求亞倫證明他自己之無罪。亞倫機伶地作到了：

「求我主不要發烈怒。

這百姓專於作惡，

你是知道的，

他們對我說：『你爲我們作神像，他可以在我們前面引路；

因爲領我們出埃及地的那個摩西，

我們不知道他遭了什麼事。』

我對他們說：『誰有金環？』

他們就把金環摘下來給了我。

我把金環扔在火中，
這牛犢便出來了。」
摩西見百姓放肆：亞倫縱容他們，
使他們在仇敵之間被挑撥，
就站在營門中，說：
「凡屬於耶和華（YHWH）的，
都要到我這裡來！
這是以色列的上帝耶和華（YHWH）這麼說的：
『把每個人的劍放在他的大腿上，
在營裡大門之間來回行進，
殺掉
每個人的兄弟、鄰人、親戚！』」
利未的子孫照著摩西的話去做。
那一天百姓被殺的約有三千人。

有沒有什麼辦法可以了解這一章節裡的上帝？當這位上帝發出大屠殺的指示時，並沒有終止頒布反對謀殺的絕對命令。摩西是沙漠原住部落的首領，他開始公開地反叛。此時沒有法庭可以上訴，除了 YHWH 的話語及摩西的決心去執行之外，沒有任何其他法規。如果他不與具有武力的利未族結盟，「出埃及」的故事也許就到此結束了。這個事件卻爲後來的黨派之爭埋下伏筆——北部利未族傳道者與其後控制南部耶路撒冷教會的阿哈尼（Aharonid）教士之間的競爭——這個競爭又反過來印證了這章的描述。不過大屠殺壓抑了讀者們的精神。我們可以盡可能不斷地告訴自己：這些是未開化的人類，他們應該得到如此嚴厲的教訓；或者，後來的社會壓力可以解釋這個章節。然而我們仍然需要了解，爲什麼在這章節裡上帝被描述爲一個苛求的屠殺者。除了希波的奧古斯丁說的：「我們正在討論上帝。你認爲你了解哪個神蹟？如果你能了解，那麼那就不是上帝。」我們找不到任何答案。

然而《出埃及記》中許多的神秘處並不需要加以探密——基本上是文字謎。像摩西上山與下山這個典故就很難追蹤；而正是他在西奈山頂瀰漫的煙霧中消失了四十天的這一點，引起以色列人的絕望，而導致他們的後退。使現代讀者疑惑不解（有時甚至憤怒）的，是那些後來才插入的冗長敘述——在原先的十誡之上添油加醋；像對農人與牧人的規定；有關裝載那兩塊法版的小箱子（或手提的櫃子）的詳細記錄（結果摩西還是用了另一組容器）；還有以色列人紮營時建的、用來遮蔽這小箱子的「會議帳篷」的細節。

除了人數減少之外，以色列子孫並沒有改進。他們只要遇到最小的干擾就改變了心意，他們的抱怨從未停止，他們這種易於反叛的態度持續威脅整個以色列。在忍受了他們多年的抱怨之後，上帝決定，在將他們安頓在迦南地區之前，先讓他們在西奈流浪四十年。祂以此方式來確保那些在埃及長大的抱怨者會死絕，代之以較強壯的一代；經由荒野地的考驗，新一代將會像天生的游牧人一樣，渴望經常的行旅，而不像那些被驅逐的城市之鼠，還渴望著記憶中的肉鍋子。

妥拉最顯著的特點——也是在其他古代文學作品中沒有的特點——是對於環境的決定性影響力及其塑造道德及意識之能力的超敏感性。書中沒有描述蘇美人及埃及人。光從聖經我們幾乎找不到對前者的記載；而後者，主要是說他們那愚蠢的國君，認爲他能夠與眞正的上帝抗爭。任何好的藝術博物館，都能爲我們提供比聖經更好的、有關這些古代社會的知識，雖然聖經其實出自這些繁榮的文化資源。我們可以走過展覽廳，欣賞金碧輝煌的法老王或帶翅膀的巴比倫眾神之雕像，而沒有向他們點頭屈膝的念頭。然而聖經是信仰者的歷史，而不是藝術或文化的歷史，而且它太接近古埃及的奢侈生活或蘇美僧侶之殘酷的引誘。其作者認爲不需沈緬於描述古文明之奢侈，因爲在古代文明裡，祭禮與文化是如此緊密地結合起來，欣賞埃及與蘇美（還有稍後的巴比倫）文化價值，只會引誘意志薄弱又任性的以色列人拋棄栩栩如生的上帝指定的艱難方式，選擇崇拜金牛的簡易方式。

因此，上帝名字及祂的誡律的偉大啓示，出現在多山的沙漠，遠離人類文明的地方，而非尼羅河或幼發拉底河流域這種我們的地球可以提供的富庶安逸的地區並非偶然。如果上帝——那個眞正的、獨一無二的上帝——要對人類說話，而且人類有可能聽到祂的話語，那麼只有在除卻所有文化影響、甚至連大自然（充滿了對立的、具有上帝的力量）都不存在的地方才可能發生。只有在不具人性的岩石灰土、困苦環境中，這群易犯錯誤的人類才會幡然革新。只有在不仁慈的太陽下、沒有生命的山頂上，活生生的上帝才能突破那些通常保護我們、阻止我們與祂接近的文化濾嘴。

「YHWH，YHWH，」祂向獨自站在山上的摩西吼叫：

「上帝，
有憐憫有恩典的，
不輕易發怒，

並有豐富的慈愛和誠實，
爲千萬人存留慈愛，
赦免罪孽、過犯和罪惡，
萬不以有罪的爲無罪，
必追討他的罪，
自父及子，直到三四（世代）！」

這是上帝的自我描述，祂希望讓我們記得的祂。祂是個有同情心及寬恕心的神，祂是個永不放棄他的人民、守信到底的神，無論人們多麼的失措，祂仍耐心容忍我們的缺點。然而他提醒我們，有著三代（或者四代）人口的家庭環境，無論如何逃離不了最老一代的罪，他們必然影響環境。

摩西作爲這次神的啓示的媒介，既是神的代表，又是人的代表。在神面前他爲人民說話，在人民面前他又爲神說話。他的角色比亞伯拉罕更複雜困難。亞伯拉罕簡直可以說是蘇美的奧狄修斯（Odysseus）——負有使命的人，好罷，他足智多謀，好像可以接受任何挑戰。摩西不是自視過高的人，他只信賴上帝的話，而不仗恃自己的才能。正如《出埃及記》所說的，他是「地上最謙遜的人」，這是在這充滿自誇英雄的人世間最非凡的評價了。他的謙卑就像蘆葦一樣被掏空，所以他一無所有——沒有驕傲或個性——不會歪曲上帝的信息。他可以成爲可靠的媒介，人類與上帝間眞正的渠道。

這兩個早期猶太教主要人物的區別，爲他們的歷史故事的眞實性提供了額外的證據。兩個人都一樣安定且欣欣向榮，卻被召喚成爲游牧人——長年流浪，沒有最終安頓的時間表。但如果他們的故事單純只是蘇美文化的口傳神話，那麼要區分他們是很困難的，因爲他們兩人的角色是那樣相近。我們無法得知，在亞伯拉罕聽到上帝的聲音之前，上帝曾經嘗試和多少個蘇美商人對話過。我們也很難知道，有多少個建造像拉米西斯這些埃及城市的希伯來人——在他們將之像蒼蠅一般輕輕拂去，走回他們的磚塊之前，可能曾經聽到令人煩惱的聲音。但是摩西，這個存在於祖先所珍愛的、上帝對人們說話的故事中的人物，卻能爲這次啓示加入新的定義及細節——領導著朝聖的人民的神，拒絕放棄人們，雖然他們有著可怕的局限性。

亞伯拉罕的家庭之神，那個整夜與以色列人格鬥的天使恐怖以撒（Terror of Yitzhak），成爲人民的神。這裡的人民是指以色列人。他對他們的保護無異於一個嫉妒的丈夫。然而他不僅僅是以色列人的神，他更是宇宙之神、萬物的創造者。由於他那神秘的同情心，他降貴紆尊來選取人們，讓他們成爲他的聖國。每件事都在西奈半島的兩次啓示——十誡之約和上帝本身特質的啓示——之後得以發展：他是誰，他將在那兒。

西奈半島上的光輝，無論是在十誡之啓示還是名字之啓示，都沒有背棄以色列。但它也被逐漸改裝，由上帝憤怒風暴的象徵，演變爲上帝愛心提煉出的光輝。艾略特（T. S. Eliot）如此寫道：

> 「我們只不過活著，只不過嘆氣
> 除了火，還是被火吞噬。」

我們要不就被風暴之神的怒氣，要不就被活神的愛心所吞噬。沒有什麼路可以繞過生活及其苦難。我們唯一的選擇在於：要被火還是被我們自己不經心的恐懼和熱情吞噬，或讓上帝在祂的火焰裡，將我們塑造成在他的啓示下的固定形象，就像祂塑造摩西那樣。我們不需像害怕其他的苦難那樣地害怕上帝，那些苦難燒毀、殘廢、殺死我們，而上帝之熱情，雖然鍛煉使我們更完美，將不會毀壞我們，因爲「那些灌木並沒有燃燒」。

深入了解上帝是一種超自然的啓示，揭示了後世西方文學的許多偉大作品。從大衛的

《詩篇》到《以賽亞書》的預言，從但丁的幻想到杜斯妥也夫斯基的夢境，野草會燃燒，卻不會燒盡。正如六十年代著名詩人金斯堡（Allen Ginsberg）所說：「唯一詩樣的傳統，是從燃燒的矮樹叢中傳出來的聲音。」

---

❶嗎哪，或稱「whaddayacallit」，大部分的英文本聖經翻成「manna」（傳統上認爲是「上天的麵包」），可能是一種可以食用的昆蟲白色分泌物，在某種西奈罕有植物的樹枝上可以找到。

❷閹公羊的號角聲仍然被猶太的儀式吹用。

❸正是因爲聖經裡提到這兩塊法版，致使後世的人將「十誡」分爲兩部分：一部分是有關上帝的，另一部分則是關於人類的。但這兩塊法版也許只是順應上古中東時期的條約習俗，各準備一份給簽約的雙方，就像當今我們簽合同一樣。至於「十誡」是以何種文字體系記載、讀者是誰，這問題無法回答。書中所用的字母是閃族人發明的，由黎凡特（Levant）的腓尼基人的紀錄發展而來的。它驚人地優於早期蘇美人和埃及的文字體系，後兩者需要以成千上萬

個字符來表示。閃族的文字優點在於簡單易學，因此得以普及，而非受到有教養的或悠閒的人專用。因此這項發明代表了邁向民主化的一大步（它在隨後的幾個世紀裡也被希臘人及羅馬人抄襲並加以變化）。然而摩西當時是否知道這種象形文字（閃族人已經借用這種象形文字的大部分字形，來建立他們的新文字體系）、或意識到這個新的文字體系（這個文字體系確實在「出埃及」時代之前就存在了）就不得而知了。

❹妥拉（Torah，或稱爲「教義」，有時也不適當地譯作「法規」）是以色列人給聖經舊約前五章的名稱（請參見本書附錄二〈希伯來聖經〉）。妥拉就像個巨大的馬賽克：雖然它簡單的基礎部分可能是由一位作者完成的（根據後期的傳統說法，作者應是摩西本人）；那些錯綜複雜的描寫部分則出自多人之手。除了我提及的這些資料的根本史實性之外，作者們不可能在沒有特別議題的情況下寫成這個作品。舉例來說，有關埃及俘虜的敘述添加了一些儀式的描寫，這些儀式其實在很後來才有的：在以色列人在迦南安頓下來後很長一段時間，神職人員才有閒暇去發展那些複雜的規程。同樣地，逾越節起源於春季農業的慶典，對祭祀用羔羊和未發酵的麵包（逾越節特有的麵包）的描述，也是在很後來才加上去的，這是由於神職人員們想要用這個偉大的自由故事解釋他們制訂的儀式。

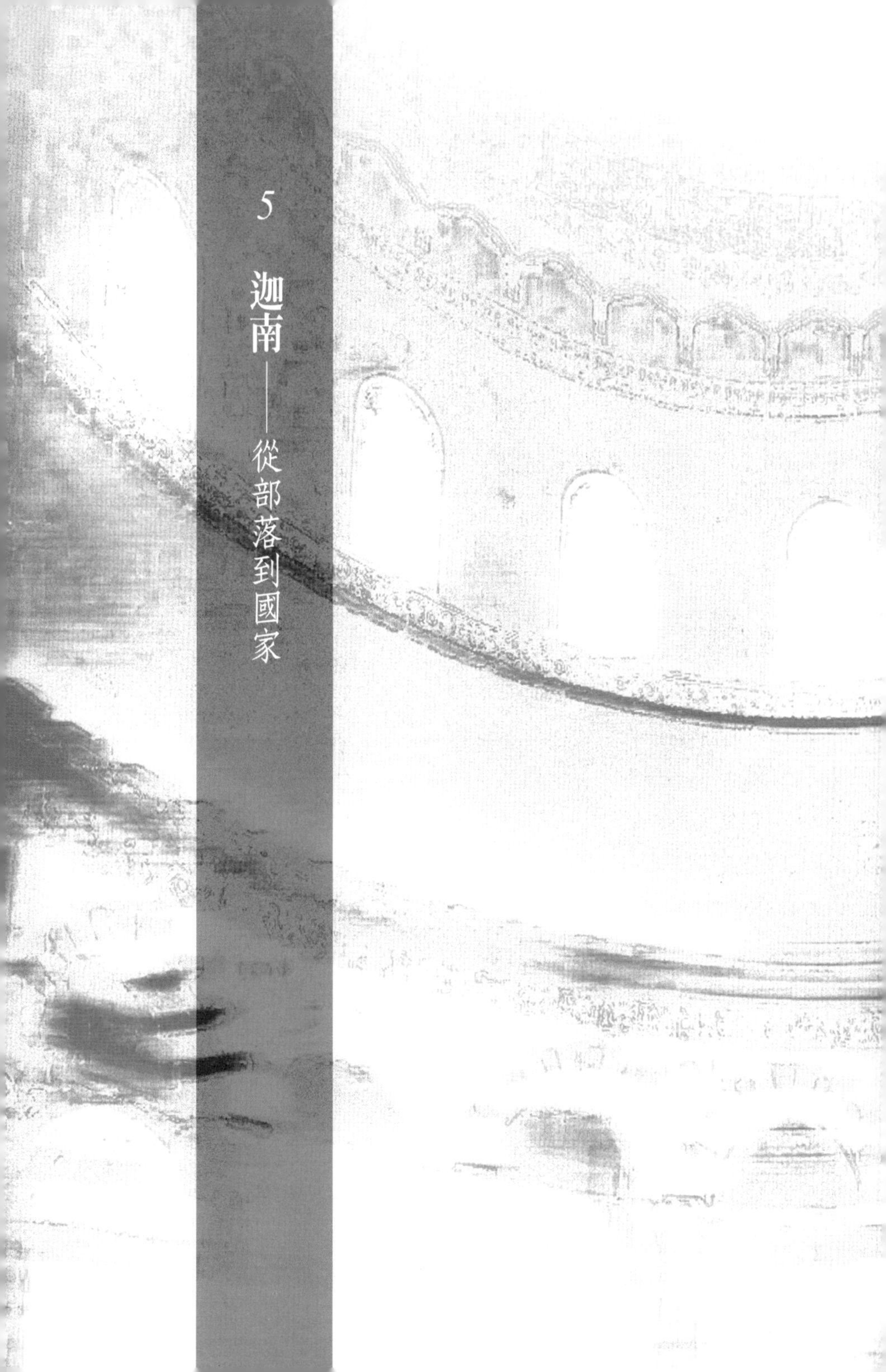

5 迦南——從部落到國家

妥拉的第五章，即《申命記》的最後一卷，以悲哀的旋律作結，充滿了一切眞實故事的結局所具有的哀傷。摩西站立在貫穿約旦的尼波（Nebo）山頂，遠望死海、約旦河，直到迦南地——那塊他從未進入過、上帝許諾給以色列人的肥沃土地。他可以看到整塊迦南地，從北部的但到西部的地中海直至南部的尼格（Negev）沙漠。而在他對面、橫越河流的是耶利哥（Jericho），又稱月亮城。這個在《申命記》記載中被稱爲「手掌之城」的，是地球上最古老的城鎮。

耶和華（YHWH）對他說：

「這就是那塊地，

我向亞伯拉罕、以撒、雅各起誓應允，說：

『我必將這地賜與你的後裔。』

現在我讓你眼睛看見了，

你卻到不了那兒。」

於是耶和華的僕人摩西死了，

在摩押地，
正如耶和華所説的。
祂將他埋葬在摩押地，
伯毗珥對面的谷中，
只是到今日沒有人知道他的墓地。
摩西死的時候是一百二十歲；
眼目沒有昏花，
精神沒有衰敗。
以色列人在摩押平原，
爲摩西哀哭了三十日，
爲摩西居喪哀哭的日子就滿了。

嫩的兒子約書亞，
因爲摩西的手曾按在他的頭上[1]，
就被智慧的靈充滿，

以色列人便聽從他，
照著耶和華吩咐摩西的去做。
以後以色列人再沒有像摩西的先知興起。
他是耶和華面對面認識的。
耶和華打發他在埃及地，
向法老和他的一切臣僕，
還有他的全地，
行各樣的神蹟奇事，
又在以色列眾人眼前，
顯大能的手，
行一切大而可畏的事。

我們對於摩西及其家族先人的生活方式，絕大部分仍然不清楚，幾乎像史前原始人類那些我們最遠古的祖先般不清楚。我們知道，他們曾驚異地望著夜空，對於前途只有模糊的概念，而不斷地徘徊游蕩，聽著由內心深處發出的激勵之聲，聯想到令人驚恐的自然界。然而，他們粗糙的、獨特的生活細節，與我們大相逕庭。我們幾乎無法封閉雙耳拒絕現代廣告的喧擾；我們不再冒險，遠離熟悉之物。對我們來說，夜空已被不分晝夜的電力照明融蝕，絲毫不再令人驚奇了。

然而從這卷結尾的摩西之死，我們可以在其戲劇性的獨特故事背後，感受到人類基本的血緣關係。對那仍然強健的老人摩西的描述，讓我們回憶起米開朗基羅畫筆下古典宏偉的摩西：胳膊粗壯、脊背挺直、目光銳利。他在經歷了那麼多次和上帝的痛苦會面，以及對百姓的失望之後，還能毫不畏懼地面對死亡。我們也一樣，將會在事業未竟之前死亡。在我們的一生中，每個人都會有一次洞悉一切的時刻，一次西奈山的時刻——一種離奇、超俗、讓時間靜止的經歷。如果我們允許的話，這經歷將會穿透骯髒喧鬧的現實，帶領我們一生。但正像摩西或金恩博士（Martin Luther King）一樣，雖然我們記得「曾經到過山之巔」，我們卻從未進入過迦南地。我們只是匆忙一瞥。正如新教神學家尼布爾（Reinhold Niebuhr）所寫：「我們一生中，永遠無法成就一件值得去做的事。因此我們必須懷抱希望。真實或美好的事物，在其所處的歷史時期，無法立即成就其意義，因此我們必須心存信仰。我們不可能單獨成就任何一件有道德的事，因此我們需要存有愛心。」這個經由兩代來完成的論點，也許是希伯來人最深刻的洞察。

正是摩西的接班人約書亞領了以色列人，頭頂約櫃，穿過約旦來到迦南地。約書亞第一次派他手下的人穿過營地時，吩咐他們說：「當你們看見你們的神 YHWH 的約櫃，又看見利未人祭司抬著，就要離開所住的地方，跟著約櫃走，這樣你們便知道該走哪條路，因為這條路你們從來沒有走過。」這是個偉大的時刻，人們懷著最大期望的時刻——他們要走一條從未走過的路，而且是回家：

古老方舟在移動，移動，移動，
古老方舟在移動，
我們就要回家了！

正如我們從另一個令人鼓舞的美國的非洲靈歌得知的，在耶利哥被擊敗之前不久，它的城牆在約書亞軍隊的喇叭聲中倒塌。

約書亞作戰耶利哥，耶利哥，耶利哥，

約書亞作戰耶利哥
城牆倒塌下來。

也許在歷史上，沒有人能夠像南美的黑奴一樣——帶著如此的愛與喜悅的心情——深入理解有關以色列人被釋放的記述。由於考古學家曾經發現，有幾個巴勒斯坦城鎮在約爲西元前一二〇〇年時代被夷爲平地，這應該可以作爲證據，說明耶利哥城被毀壞的這一類事件可能確實發生過。從物質觀點來看，繼之而起的新文化絕對比較低劣——可能也表示了以色列之佔領迦南地廢墟。但是耶利哥的廢墟顯然早於以色列入侵之前數百年；可能那些被破壞了的城牆，使得後期的以色列人把自己想像成這個地區的征服者。

正如《約書亞記》一書（講述以色列的偉大史蹟——從創立的元老到最後的安頓——到其結束）所述，侵佔迦南是一件可怕的事情。它提醒了我們，我們所考慮的是個多麼原始的社會。所有的迦南人——「男女老幼、牛、羊、驢子等家畜」——全死於利劍之下；房屋夷爲平地；他們的貴重金器被當成「聖物」，「供奉」給 YHWH 聖殿——也就是傳教士的戰利品。迦南人也被用來「供奉」——換句話說，將他們打上記號而消滅。遠離約旦山谷如史前的蘇格蘭，將戰爭的俘虜稱爲「祭品」，作爲祭祀的犧牲奉獻給神。我們這兒所說的是，以聖戰之僞名，以人類爲犧牲，這點迫使我們意識到，人類內心認爲需要替罪羊及屠殺的念頭之力量有多大！

但這次傳說中的「征服」，在《約書亞記》裡被描述成有殘忍傾向的、壓倒性的勝利，事實上是個逐漸發展的事件。這個由摩西帶領穿過沙漠、遷移到迦南中心的山區地帶的部落，以外約旦（Transjordan）爲基地，在可能的情況下，推翻其鐵器時代的安頓方式；但有時候與迦南村民組成結盟，有時候推翻專制的暴君，而有時候簽署互相保護的協議。從埃及逃出的那一代，以及摩西手下那些愛抱怨的人，在災難的磨練下已變得堅韌，他們表現出令人印象深刻的武士形象，那些平和的農夫最好別跟他們爭論。炫耀在小地區取得的勝利，這些戰士毫無疑問地爲使他們戰勝的上帝吸引來許多新的信徒。這些信徒開始把自己當作是以色列人——**YHWH** 的子民。**YHWH** 這位甚至能挫敗埃及的神！

然而文化的交流很少是單向的。以色列人在中央高地安頓下來，並與當地人混雜之後，「他們做出在 **YHWH** 眼中視爲罪惡的事情，轉而爲巴耳神（Baals）效力。」巴耳是迦南的風雷神。對文盲的以色列人來說，他看起來一定很像 **YHWH**，可是這有什麼關係？「爲巴耳效力」亦即崇拜他的多種形象之一：豎立在全迦南各地聖堂的金屬公牛及石質陰莖。巴耳的配偶阿斯塔德（Astarte），是美索不達米亞地區多產女神伊施他爾的迦南版本。

阿斯塔德又稱阿斯拉（Asherah），她的名字意思也許是「配偶」。純粹的 YHWH 教，在植物、動物和人類生殖力之地方迷信的影響下，經常意想不到地妥協於迦南地區的祭拜儀式，或與之結合。那些似乎是對「YHWH 及他的阿斯拉」祈禱的銘文，可以一直追溯到約書亞之後幾個世紀的君主國時代。這些銘文導致許多人作此結論：堅韌的希伯來武士們在迦南地區安頓下來，和迦南鄰居們一樣從事農業、畜牧業後不久，沙漠地區的 YHWH 教經歷了一種異教化的結合。

約書亞入侵後的那個時期稱爲「士師時期」——地方的軍事領導人也以「摩西的沙漠審理法」解決以色列人之間的爭端。正如《士師記》一書所述，這是一個繼續整頓及鞏固王國的時期。在不到兩百年的時間內，以色列農業武士們以鬆散的部落聯盟形式，散布全迦南各地，直至最後佔領了大部分的迦南地。在《約書亞記》及《士師記》中，勝利總是與以色列人對 YHWH 的信仰聯繫一起，而不是他們將自己賣身於「其他鄰近人們的神靈」的作法。

除了在殖民方面取得全面性勝利之外，以色列人從未缺乏過敵人。尤其是來自海上的腓力斯人不斷增長的威脅。他們在邁錫尼瓦解後，穿過地中海，開始佔領像迦薩之類的沿海城市，然後是像迦特這樣的內陸城市。他們的逐步入侵、接近，使以色列人感到不安。

有時候以色列人發現自己就住在腓力斯人的城鎮裡、在敵人的腳底下。對以色列人來說，腓力斯的名字意味著「粗野無教養」，而這個名字也是「巴勒斯坦」一詞的起源（偉大的以色列強人參孫趕走腓力斯人的故事，正是發生在這個時期）。最後，以色列人得出結論：他們需要的是能帶給他們看得到的統一、有能力以更強烈的情感內聚力將他們團結起來的人——一個國王。

但 **YHWH** 是他們的國王。從沙漠聚集著朝聖人群的那天起，在以色列人的政治意識中，認爲他們是上帝子民的聚集，由祂親自挑選的發言人領導，不必向世俗的國王負責。這是一種類似神權民主的政體。上帝向那不甚樂意的撒母耳建議道：「尊重百姓向你說的所有的話。」他是祂的先知和教士，人們要求他作爲他們的國王。「人們不是抗拒你而是抗拒我。他們不希望我再管轄他們。他們現在對你所做的事，也正是他們曾經對我作過的事：從我將他們帶出埃及的那天起，他們就開始遺棄我，並侍奉其他的神靈。」

只要人們理解他們所做的選擇，上帝就預備接受君主制。撒母耳將上帝的警告轉告人們：「管轄你們的王必這樣行，他必派你們的兒子爲他趕車、跟馬、奔走在車前。又派他們作千夫長、五十夫長，爲他耕種田地、收割莊稼、打造軍器和車上的器械。必取你們的女兒爲他製造香膏、作飯烤餅。也必取你們最好的田地、葡萄園、橄欖園，賜給他的臣僕。你們的糧食和葡萄園所出產的，他必取十分之一給他的太監和臣僕。又必取你們的僕人婢女、健壯的少年人和你們的驢供他的差役。你們的羊群他必取十分之一，你們也必作他的僕人。那時你們必因所選的王哀求耶和華（YHWH），耶和華卻不應允你們。」

耶和華（YHWH）深具洞察力的警告，說明了一個不可避免的事實：當人類賦予一個人特別的權力時，他們就同時剝奪了自己的權力，不再共享權力了。由於畏懼腓力斯人及其他鄰近敵人，以色列人願意永久地改變他們的政體。「不，我們決心要選立一個國王，」他們喊道：「這樣我們就可以和其他的民族一樣，由我們自己的國王統治我們、帶領我們、爲我們而戰。」

YHWH的選擇是掃羅：「一個壯年的英俊男人」，一個有能力作爲百姓願望之象徵的人，「在所有的以色列人當中，沒有誰比他更英俊了」。《撒母耳記》寫道：「他站著的時候，頭肩比任何人都高。」撒母耳於是向已爲全民接受的掃羅施塗油禮。緊接著民眾確認的典禮，這種神聖的塗油禮成爲以色列君主政體的模式。由祭司或先知施行的塗油禮，其意義是指出這人是YHWH的選擇，而聚集的人群對此所做的確認，則表明這也是民眾的選擇。由此，以色列新的君主政體保留其民主的一面；這也暗示了一句中世紀的格言：「凡百姓贊成的，上帝也通過。」早期教堂沿襲這種選舉儀式來選派主教（但由於主教的權力依附於上帝，由百姓確認的儀式乃廢棄不用）。

掃羅證實他自己是一位傑出的將軍。他不僅攻擊腓力斯人，還進攻摩押人、亞捫人，以東人、亞瑪力人，以及所有以色列的鄰近敵人。因爲「他無論往何處去，都打敗仇敵」。然而掃羅開始違背 **YHWH** 的旨意。第一次是在撒母耳缺席的情況下獻祭，接著他在 **YHWH** 頒布的比較不美好的指令「毀滅的咒語」——即全面性的滅絕下，寬恕了亞瑪力王，並且從亞瑪力掠奪的大部分貴重的戰利品。在這些故事背後，也許年邁的先知與年輕的國王，爲了極端的權利有過激烈的競爭。但結果是掃羅失寵於 **YHWH**，上帝「後悔立掃羅爲王」。

接著 **YHWH** 對撒母耳說：「你將膏油塡滿角器，我差遣你往伯利恆人耶西那裡去，因爲我已經在他的眾子之內，預定一個做國王的。」在伯利恆，撒母耳遇到耶西的七個兒子，但 **YHWH** 警告他，不要管他們的外貌或高大的身材，暗示說他們看起來都像合適的繼承人。「上帝看人和人看人不一樣，人是看外貌，**YHWH** 是看內心。」

「你的兒子都在這裡嗎？」撒母耳問耶西。

「還有個小的，他正在放羊。」

「你打發人去叫他來。」

當最小的那個兒子來到時，撒母耳發現他幾乎還是個孩子，然而他卻「面色光紅，雙目清秀，容貌俊美」，根據欽定本聖經的記載，撒母耳知道這個牧羊少年是上帝的一個不太可能的選擇。這時候，「撒母耳就用角裡的膏油，在他的諸兄中膏了他。從這日起，耶和華（YHWH）的靈就大大感動了大衛。」

YHWH的靈魂，或者照字面意義解釋，祂的風或呼吸就像不可預測的風本身，沒人可以預測會降臨在誰身上。YHWH的其他選擇——從老謀深算的亞伯拉罕、虛僞的雅各、結結巴巴的摩西、那些不斷抱怨的上帝選民——在在都使人感到意外。但最讓人吃驚的，是YHWH的靈降臨的那些人說的話。現代單詞「奇里斯瑪」（charisma）是從希臘單詞「優雅的」及「神授的禮物」轉變來的，它準確地描述了以色列人對他們領導人的期望：從其行爲風度可以看得出的、能捕捉觀察者想像力、從而將觀察者轉變爲忠實支持者的、發自內心的熱力。然而，比他的風采更重要的是：通過他說的話，證實了神賦予他的非凡啓示。在以色列的歷史上，這些言語總是和即時的需要聯繫一起——就像預言性的地圖那樣地指導著人們。現在，隨著這個前游牧民族的永久定居，以及君主政體的建立，那些啓示語也有了新的方向——亦即詩歌。

失望的掃羅對第二次的塗油禮毫不知情，但他認爲自己失去了上帝的恩寵，爲此逐漸陷入瘋狂。他找來一個音樂家爲他彈琴，以減輕靈魂的痛苦。被選中的音樂家不是別人，正是那個秘密的牧羊人國王大衛。每當「從耶和華（YHWH）那裡來的惡魔，可怕地折磨掃羅的時候」，大衛就被召爲這位生病的國王彈琴唱歌。「掃羅便舒暢爽快，惡魔離了他。」現在大衛的那些音樂已完全失傳了，但是他的歌詞仍收集在《詩篇》一書中，然而我們已難確定哪些詩篇是大衛的哪些不是。

雖然，剛開始時大衛以身爲傑出的豎琴師及詩人贏得聲名——正如後世對他的稱呼「聲音悅耳以色列歌手」——不久他就在戰場受到考驗。由於掃羅早期戰勝腓力斯人的情勢逐漸反轉，大衛的三位長兄應征入伍，駐營在猶大的栗樹山谷（Valley of the Terebinth）。那時腓力斯人在那裡擺陣，防止以色列人穿過山谷。大衛此時遵守父命，載負著農產品而來——許多麵包和足夠的乳酪——給他的兄長們及千夫長。他到達營地時，正好見到腓力斯勇士前來叫陣，挑戰以色列人。那個名爲歌利亞的巨人，身長九呎，「頭戴銅盔，身穿鎧甲，甲重五千舍客勒（約一百二十五磅）。他的腿上有銅護膝，兩肩橫負銅戈。槍桿粗如織布機軸，鐵槍頭重六百舍客勒（約十五磅）。」他的喊叫聲越過山谷：「我今天向以色列的軍隊挑戰。你們叫一個人出來，與我一決勝負！」我們在《伊里亞德》中，也可以看到這種單打獨鬥的案例。在古時候，常用這種方式來避免集體戰爭導致的眾人流血——並決定哪一方應受制於另一方。就像歌利亞咆哮的那樣：「他若能與我戰鬥，將我殺死，我們就做你們的僕人；我若勝了他，將他殺死，你們就做我們的僕人，服侍我們。」

掃羅和「眾以色列人」聽見這些話都「驚惶害怕」。但是當大衛得知殺死歌利亞的人將會得到「國王賞賜的財富、國王的女兒，以及免交稅收」時，就挺身而出，大聲說道：「這個未受割禮的腓力斯人是誰，竟敢向永生的神的軍隊挑戰？」這個後續故事提供了我們深入觀察大衛性格的機會：他大膽、平實地依賴上帝，然而又總是注意到重大的機會。

掃羅剛開始並不允許這種不公平的格鬥：「你不能去與那腓力斯人打鬥。你還是個孩子，而他自年輕時期就做戰士。」但當他聆聽了大衛的詳述後——包括他對 **YHWH** 的忠實信仰，以及 **YHWH** 如何幫助這個牧羊少年戰勝攻擊羊群的獅子和熊時，他情不自已、深受感動。大衛又說：「耶和華（**YHWH**）救我脫離獅子和熊的爪，也必救我脫離這腓力斯人的手。」掃羅於是答應了，他甚至給大衛穿上令人難受的王室戰衣。大衛試著走幾步，但因不習慣，就對掃羅說：「我穿戴這些不能走，因爲素來沒有穿慣。」於是大衛脫掉戰衣，只帶著彈石子的弓和「五顆光滑的石頭」——就像米開朗基羅雕像中那些非凡的男孩一樣，以一種從容的力量準備應戰。

歌利亞輕蔑地嘲笑大衛，然而大衛反駁道：「你來攻擊我，是靠著刀槍和銅戈，而我來攻擊你，是靠著萬軍耶和華的名，就是你所怒罵的、帶領以色列軍隊的神。今日耶和華必將你交在我手裡，我必殺你，斬你的頭。又將腓力斯軍兵的尸首給空中的飛鳥和地上的野獸吃。使普天下的人都知道以色列有神。又使這眾人知道耶和華使人得勝，不是用刀用槍——因爲耶和華是爭戰的主，他必將你們交在我們的手裡。」

這是一篇偉大的演說詞——也是以色列和人類歷史上一個偉大的時刻——它徹底說明上帝是站在弱小無權而非強權勢力的一邊。這次對質永遠地固定在人類的想像中；有誰能夠計算出它曾給多少原本絕望的人和事力量和安慰？我們有充足的理由假設，以色列這位聲音悅耳的歌手大衛確有能力說出這樣的話。在整本《撒母耳記》和《列王記》的歷史書裡展示的大衛性格，這只是其中的一部分。帶著比亞伯拉罕更費神的狡猾，比約書亞更有驅迫性的魅力，和摩西一樣深切的宗教信仰，以及他自身具有的自信，這個總是在民眾中周旋的天生政治家，在整個希伯來聖經中，沒有任何一位人物比他更令人著迷。

當然，他在那天大獲全勝。歌利亞被一顆正中前額的石頭打中，倒地而死，腓力斯軍隊爲此大驚失色，輕易就被屠殺擊敗。大衛則帶著歌利亞碩大的首級，與掃羅一起凱旋而歸。當勝利大軍班師回朝時，「婦女們從以色列所有的城裡出來，歌唱跳舞、快樂歡呼、打鼓擊磬，迎接掃羅王。眾婦女一邊舞蹈，一邊唱道：

「掃羅殺死千千，
大衛殺死萬萬。」

掃羅憤怒的反應（尤其在欽定本聖經中），具有莎士比亞獨白式的修辭色彩：

「將萬萬歸大衛，
千千歸我，
只剩下王位沒有給他了。」

「而掃羅，」編年史的記錄者寫道：「從這日起就怒視大衛。」
掃羅將大女兒米拉許給大衛為妻，和大衛約定「只要你為我奮勇服務、為耶和華爭戰」。但掃羅心裡想：「我不好親手害他，要藉腓力斯人的手害他。」大衛表現得很勉強，只說：「我父家在以色列中是何等的家，豈敢作王的女婿呢？」事實上，為了將來能永遠有效地統領以色列，作為南方人及猶大部落一分子的大衛，需要與北方部落結盟——而掃羅的便雅憫家族就是最好的選擇。但在大衛流露出他禮節上的謙遜之前，掃羅先羞辱他：

「掃羅的女兒米拉到了當給大衛的時候，掃羅卻將她給了米何拉人亞得列爲妻。」

當掃羅的第二個女兒米甲愛上大衛時，他決心要利用這個機會。但掃羅提出了一項很古怪的交換條件：「國王不要什麼聘禮，只要一百個腓力斯人的包皮。」因爲很難在沒有得到當事人同意的情況下，取得此人的包皮，掃羅這項建議，是要讓大衛招致喪生的下場。然而大衛卻受此挑戰的激勵，認爲「成爲國王的女婿是一件榮耀的事。他立即動身出發。」他帶著兩百張腓力斯人的包皮，在規定的時間內返回，並在國王面前當面清點。正是憑著這野蠻殘忍的事跡，大衛在以色列人中贏得比殺死歌利亞更多的喜愛。

由於羞辱了國王、揭穿他的底牌，並且便宜地聘娶了他的女兒，大衛置己身於危險的境地。因爲「掃羅見耶和華（YHWH）與大衛同在，又知道眾以色列人愛大衛，就更怕大衛，常作大衛的仇敵。每逢腓力斯軍長出來打仗，大衛表現得比掃羅的臣僕更精明成功，因此他的名被人尊重。」

由於受眾人愛戴，大衛明顯地成爲國王怨恨的對象。但他最狂熱的仰慕者竟是國王的兒子約拿單。他「甚喜愛大衛」，他向大衛泄漏了暗殺大衛的王室秘密——撒羅的女兒米甲也一樣，在大衛逃走時，她將一個眞人尺寸的假人放在他的被褥下，救了他的命。大衛在國王的盛怒之下，全力逃亡，他曾短暫地與腓力斯國王一起。後者也因他的威力而日漸增長怨恨。大衛用來逃避這個心生嫉妒的國王之策略，讓人想起哈姆雷特式的裝瘋作癲。直至最後，被激怒了的國王將他趕走：「難道我還缺少瘋子，要你們帶這人來，在我面前瘋癲作怪煩擾我麼！」

於是大衛這個逃犯來到猶太山丘的鄉村地區，與其他逃犯住在一起。他逐漸組成一幫殺人佣兵團。這些凶猛的、忠實的伙伴，終有一天成爲大衛王龐大的貼身護衛隊之核心部分——大衛王後期在政治上成功的重要元素。同時，大衛越來越困擾著掃羅，掃羅派他的人員去搜捕大衛——甚至親自外出搜捕。在一次搜捕行動中，掃羅帶領三千人穿越隱基底沙漠，途中他便急，瞥見路邊有個洞穴，於是如聖經中委婉的記述：他單獨進入以「遮蓋他的腳」——也就是，在他蹲下時，他的纏腰帶垂落在他的腳踝處。

就在這個時刻，隱藏在山洞裡的不是別人，正是大衛和他那群愉快的伙伴。大衛悄悄地爬近掃羅，試圖殺他。但在最後他住了手，只悄悄割下國王脫下的外袍的衣襟。這件袍子掛在露出地面的岩石上。在掃羅結束了他的重要事務離開山洞之際，大衛也同時離開，並在國王身後喊道：「我主，我主！」掃羅一轉身，吃驚地發現他的獵物無比馴服地仆伏在地。

於是大衛隔著距離，對著國王及其隨從發表演說：「你爲什麼聽信人們說『大衛想要害你』？今日你親眼看見在洞穴中耶和華（YHWH）將你交在我手裡，然而，我拒絕殺害你，饒了你，說：『我不願伸手加害我的主，因爲他是耶和華加冕的。』你看，我父啊，看看你外袍的衣襟在我手中，我割下你的衣襟，卻沒有殺害你，你由此可以知道，我既不想傷害你，也不想犯罪。我並沒有得罪你，然而你要獵取我的性命。願耶和華在你我之間判斷是非，在你身上爲我伸冤，我卻永遠不願加害於你！」

這是大衛這位高明的演說家另一篇動人的演說。雖然他可能狡猾地意識到，拒絕加害現任國王的這件事對下一任國君將有積極的含義，大衛，這位事業成功、極有人緣的傑出青年，似乎很難相信會有人眞的不喜歡他。這位年輕人對資格的理解，遠遠早於他接受施油禮。

掃羅原本就已意志動搖，現在面對大衛這突如其來、令人吃驚的演說，他變得語無倫次。他放聲大哭，並且稱大衛爲他的兒子：「你是公正的，我卻不是！……現在我知道你必會作王，以色列的國，必交在你手裡。」他懇求大衛不要殺他的家人，或者，「一旦他去世後」，不要玷污他的名聲；接著他「回家，而大衛與他的隨從則回到山寨」。從情感的所有角度來看，這不是個和解的場面；而接下去發生的事之跡象是可疑的。大衛寬恕掃羅這件事另有說法：也許只是個馴獸師對洞穴這章節的另一種敘述。但是細心的歷史學家不會疏忽這段記載的。之後，大衛並不因爲掃羅歇斯底里的表白而覺得回家是安全的，他爲自己找到了一份給腓力斯人做屬臣將軍的工作。他在途中還爲自己找了兩個新妻子——耶斯列人亞希暖（對於她我們知之甚少）和亞比該。亞比該是一位「聰明美麗的婦人」，她以非凡的勇氣、慷慨與智慧，將大衛和他的隨從們從飢餓中拯救出來。爲此她引起了這位武士領袖的注意。大衛從未喪失對女性嬌媚應有的反應。亞比該粗野的丈夫名爲拿八（希伯來語意思類似「蠢愚」）。在大衛與亞比該結合之前，她那麻煩的丈夫順應天意，因懼怕大衛而死亡。大衛並不曾碰過他。大衛的第一任妻子米甲，據我們所知，此時已經由報復心重的掃羅安排了一個新的丈夫。

最令人不安的是大衛現今所處的地位：以色列敵人腓力斯人的臣子。但我們很難想像，沒有了這層保護，大衛將如何生存。無論如何，他利用他的地位征服了基述人、基色人和亞瑪力人，至少這些是對以色列及腓力斯都有害的部落。當腓力斯人集合他們所有的力量最後一次攻擊掃羅業已衰弱的王朝時，這位絕望的國王向一個通靈者求助，讓她把剛去世的撒母耳亡魂招來。撒母耳告訴掃羅說一切都已失去，「明日你和你眾子必與我同在了。」對大衛來說最幸運的是，腓力斯人的聯軍首領拒絕他參與這次戰爭，「免得他在交陣時，反轉爲我們的敵人。除了用我們這些人的首級，重得他原主人的歡心，他還有什麼更好的方法呢？」大衛一直假裝渴望見到以色列人流血，現在他的心情反而暗地裡放鬆了。他永遠無法和他的同胞對戰。

以色列人行軍到基利波山，掃羅和大衛摯愛的朋友約拿單都死於此次戰役中。《撒母耳記》書中記錄了大衛在聽到這個噩耗後所唱的哀歌。整首歌的用詞眞實可信。它崇尚勝利、尊重王位，充滿了青銅及鐵器時代武士們之間的友情：他們視男人之間的友情遠遠高於男女之間的愛情。大衛直接引述了吉爾伽美什給恩奇度的輓詩，來形容他與約拿單之間的友愛：

「以色列啊！
你尊榮者在山上被殺！
大英雄何竟死亡！」

「不要在迦特報告，
不要在亞實基倫街上傳揚；
免得腓力斯的女子歡樂；

免得未受割禮之人的女子矜誇。」

「基利波山哪，
願你那裡沒有雨露！
願你田地無土產可作供物！
因爲英雄的盾牌
在那裡被污丟棄；
掃羅的盾牌彷彿未曾抹油。」

「約拿單的弓箭，
非流敵人的血不退縮；
掃羅的刀劍
非剖勇士的油不收回。」

「掃羅和約拿單，活時相悅相愛，

死時也不分離，
他們比鷹更快，
比獅子還強。」

「以色列的女子啊，當爲掃羅哭號，
他曾使你們穿朱紅色的美衣，
使你們衣服有黃金的妝飾。」

「英雄何竟在陣上仆倒
何竟在山上被殺。」

「我兄約拿單哪，我爲你悲傷！
我甚喜悅你！
你向我發的愛情奇妙非常，
過於婦女的愛情。」

「英雄何竟仆倒！
戰具何竟滅沒！」

因爲當時大衛只被自己人——猶太人——承認，他乃在希伯倫登基爲王。這個城市曾埋葬著他的亞伯拉罕的祖先，後來成爲南部王國的首都。接著，南部人與北部人之間的戰爭——即掃羅家族及大衛家族間的戰爭——爆發了，但不久北部以色列王國就投降了。大衛再一次在希伯倫受施油禮，這次北部的武士貴族亦出席參加儀式。這位在政治方面很精明的國王現已年屆三十，他意識到深處南部國土的希伯倫並不適合做以色列聯合王國的首都。他向耶路撒冷的耶布斯城邁進。這個城包圍在南部與北部之間——令人羨慕地滿足了他建立首都的目的。大衛攻獲了一座位於具有戰略性的山丘上名爲「錫安城」後又被稱爲「大衛城」的城市。大衛遭遇了腓力斯人的最後一次攻擊，並再次迅速取勝。大衛現在已是迦南地區所向無敵的統治者。這塊土地第一次可以被稱爲以色列，不久疆域向南延伸到西奈，向北至黎巴嫩山脈，向西到達地中海（其中有一部分，在一個狹長的沿海地帶，住著被擊敗的腓力斯人），東邊則從約旦到基列的邊界。東南部遠及以東、摩押、亞捫的邊界。大衛王強制要求這幾個王國進貢。在最北部，他也同樣地要求亞蘭王國，甚至遠如幼發拉

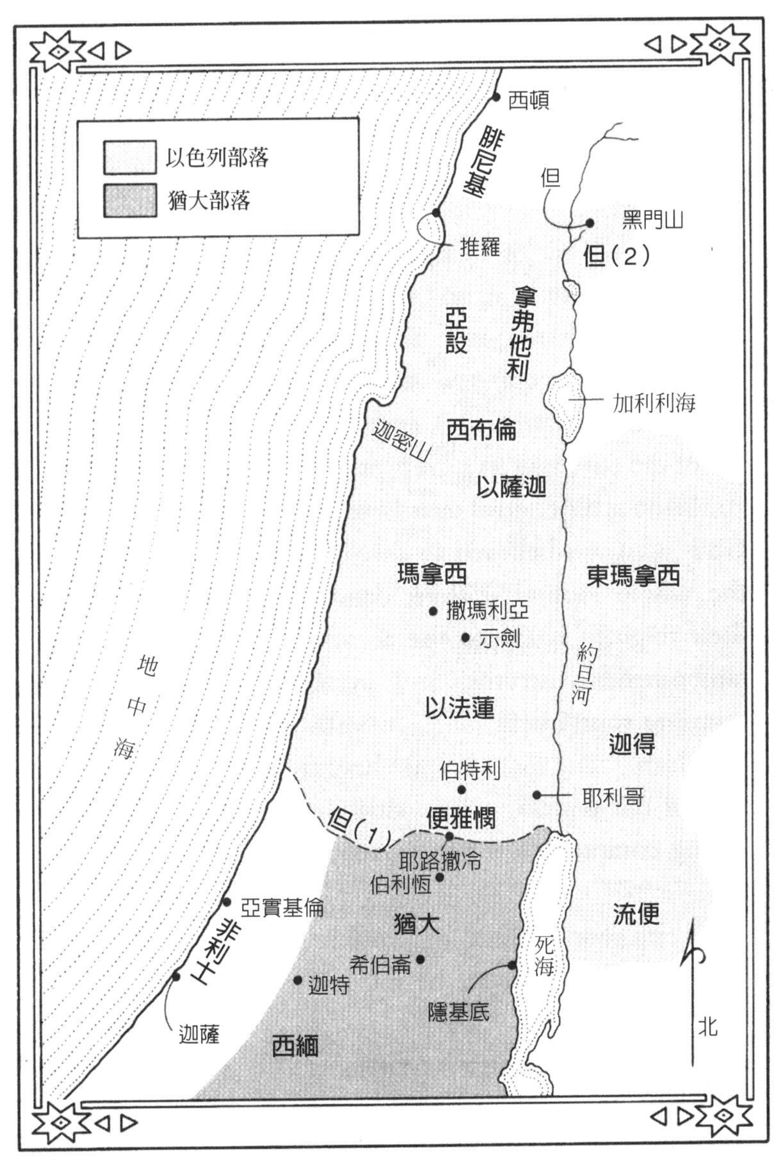

以色列王國

圖中標誌處是十二部落的大致聚居地，還有以色列十個部落與猶大兩個部落的邊界。

底河地區的部落向他進貢。

大衛帶著他的三個妻子來到耶路撒冷。那時米甲已經歸還給他了。他的許多兒子都在他的新家出世。在那個掃羅時期已建立起的後宮裡，大衛穩定增加他的妻子和情婦的數目。大衛這位永遠機敏的政客，還很隆重地將神的約櫃從南方迎接到新首都。由於人們普遍認爲上帝住在約櫃之上，大衛就藉此舉動來表明他與上帝間的親近，從而確定他對以色列的統治。「大衛和以色列全家在耶和華面前跳舞，用琴、瑟、鼓、鈸、鑼伴奏歌唱。……大衛圍著纏腰布，在耶和華面前極力跳舞。」這些音樂包含了一首大衛聖詩，一首較爲普及的詩文，逐漸變成這個年輕征服者日益高升的聲譽之一部分：

萬民哪，你們都要拍掌！
要用勝利的聲音，
向上帝呼喊！

因爲耶和華至高者是可畏的；
他是治理全地的大君主。

他叫萬民服在我們以下，
又叫列邦服在我們腳下。

他爲我們選擇產業，
就是他所愛之雅各的榮耀。

上帝上升，有喊聲相送；
耶和華上升，有角聲相送。

你們要向上帝歌頌，歌頌！
向我們的王歌頌，歌頌！

因爲上帝是全地的王；
你們要用悟性歌頌。
上帝作王治理萬國；

上帝坐在他的聖寶座上。
列邦的君王聚集
要作亞伯拉罕之上帝的民。
因為世界的盾牌是屬於上帝的；
他為至高！

這個新國王正當盛年，享受著他征戰的勝利。他那令人激動的一面必曾呈現在他的百姓面前，但對於米甲來說並非如此。這個經歷兩次交易的妻子曾經也是國王的女兒，現在卻淪為不斷擴充的後宮中一名年老的成員。「她看見大衛王在耶和華面前踴躍跳舞，心裡就輕視他。眾人將耶和華的約櫃請進去，安放在預備的地方，也就是在大衛為約櫃搭建的帳幕裡。大衛在耶和華面前獻燔祭和平安祭。大衛獻完了燔祭和平安祭，就奉萬軍之耶和華的名給人民祝福，並且分給以色列全體眾人，無論男女，每人一個餅，一塊肉，一個葡萄餅。」

當大衛回家要給眷屬祝福時，米甲上前說道：

「以色列王今日在臣僕的婢女眼前露體，如同一個輕賤人無恥露體一樣，贏得好大的榮耀啊！」

「我是爲耶和華跳舞，而非爲民眾。這是在耶和華面前，而祂已揀選我，廢了你父和你父的全家，立我作耶和華民以色列的君，所以我必在耶和華面前跳舞。我也必更加卑微，自己看爲輕賤，你所說的那些婢女，他們倒要尊敬我。」

這次令人不快的對話，充滿了眞實生活產生的共鳴。大衛正是憑著他無盡的活力與熱情之特質，贏得了老百姓的愛戴。他知道如何享受他們的愛，並回報他們的熱情。雖然他對自己很滿意，卻表現得很謙遜，把一切榮耀都歸於上帝。但像他那樣喜歡群眾的人，在親密關係上，是很難像他在王座上那樣成功的。無論在政界、體壇、還是娛樂圈的歷史裡，都充滿了這樣的人物，他們在公眾之前是成功的，但私生活卻是悲慘的。

大衛極爲溺愛他的兒子們。他讓他那些乳臭未乾的孩子在不尋常的奢侈環境、而非一

個武士國王會提供的條件下成長。其中有個兒子，他至愛的押沙龍試圖篡奪王位。王子的意向引起北部貴族的注意，也引發了北方並不強大的軍隊在以法蓮樹林與大衛王數目眾多的私人衛隊展開浴血大戰。押沙龍在這次戰爭中毫無尊嚴的死亡，讓大衛王極爲傷心；他被威脅國家前途的政治糾紛困擾著。大衛爲這個不足取的兒子悲痛萬分，這場景是整個聖經中最感人的部分之一。這位國王一面走一面重複著：「我兒押沙龍啊，我兒，我兒押沙龍啊，我恨不得替你死，押沙龍啊，我兒，我兒。」

但遠在這一切發生之前，大衛曾作出另一次不可能造成內政和平的突擊事件。根據編年史作者之記載，事件發生在「列王出戰時」的春天。那時，也許是某些事件——公務、疲倦或自滿？——使國王留在耶路撒冷。他的士兵們則出發攻擊亞捫人。那天，靜不下來的國王在王宮的平頂上走來走去，他看見一個婦人在沐浴，「容貌甚美」。大衛就差人打聽那婦人是誰，得知她是國王衛兵西台人（Hittite）烏利亞的妻子拔示巴。當時，烏利亞已經出發攻打亞捫人。編年史作者以簡潔的敘述告訴我們：「她來了，那時她的月經纔得潔淨，大衛與她同床，之後她就回家去了。於是她懷了孕，打發人去告訴大衛說：『我懷了孕。』」於是大衛發了一個簡短的指令，安排烏利亞到最前線去，其他的士兵則退後，使他被殺。當拔示巴服殤的日子一過，大衛就差人將她接到宮裡，「她就作了大衛的妻子，給大衛生了一個兒子。但大衛所行的這事，耶和華甚不喜悅。」

先知拿單進宮告訴國王一個故事：

「在一座城裡有兩個人，
一個是富戶，一個是窮人。
富戶有許多牛群羊群；
窮人除了買來養活的一隻小母羊羔之外，
別無所有。
羊羔在他家裡和他兒女一同長大，
喫他所喫的，喝他所喝的，
睡在他懷中，在他看來如同女兒一樣。
有一客人來到這富戶家裡。
富戶捨不得從自己的牛群羊群中，取一隻預備給客人喫，
卻取了那窮人的羊羔，
預備給客人喫。」

聽到這裡，大衛就「甚惱怒那人」，他急切地想知道那個「沒有憐恤的心」的富人到底是誰。

拿單對大衛說：「你就是那人。以色列的神耶和華如此說：『我膏你作以色列的王，救你脫離掃羅的掌控，我將你主人的家業賜給你，將你主人的妻交在你懷裡，又將以色列和猶大的家業賜給你，你若還以為不足，我會加倍的賜給你。』你為甚麼藐視耶和華的命令，行他眼中看為惡的事呢？」

在這樣譴責之下，任何人都只能搖尾乞憐。而這正是大衛當時的所做所為。「我得罪耶和華（YHWH）了。」大衛馬上承認。即使在他最惡劣的當兒，他那自然的率直態度仍然讓人覺得可愛。人類無法坦白承認所做所為的這個弱點，造成了生命中「不斷重複的痛苦」的主要來源。大衛對於自己所犯罪過的悲痛，一如漫長的悔罪史上的任何個案一樣真實。

「上帝啊，求你按你的慈愛憐恤我！
按你豐盛的慈悲塗抹我的過犯！
求你將我的罪孽洗除淨盡，

並潔除我的罪！

「因爲，我知道我的過犯；
我的罪常在我面前。
我向你犯罪，
惟獨得罪了你；
在你眼前行了這惡：

「以致你責備我的時候顯爲公義，
判斷我的時候顯爲清正。
我是在罪孽裡生的，
在我母親懷胎的時候就有了罪❷。

「你所喜愛的是內裡誠實；
你在我隱密處，

必使我得智慧。
求你用牛膝草潔淨我，我就乾淨；
求你洗滌我，我就比雪更白。

「求你使我得聽
歡喜快樂的聲音，
使你所壓傷的骨頭可以踴躍。
求你掩面不看我的罪，
塗抹我一切的罪孽。

「上帝啊，求你爲我造清潔的心，
使我裡面重新有正直的靈。
不要丟棄我，使我離開你的面；
不要從我收回你的聖靈。

「求你使我仍得救恩之樂，
賜我樂意的靈扶持我，
……
主啊，求你使我的嘴唇張開，
我的口便傳揚讚美你的話！
「你本不喜愛祭物，
若喜愛，我就獻上；
燔祭，你也不喜悅。
上帝所要的祭就是憂傷的靈。」

大衛不是幻想家。當他向YHWH「請教」時，他運用和占卜版並無不同的辦法，投擲從法衣上取下的小圓石，或是傾聽像撒母耳和拿單這樣的先知。從他歷次的施油禮來看，他並非宗教領袖，而是政治領袖；從前，領導權只體現在像摩西之類的一位先知身上，從這個時期開始被分爲兩部分：一是得到上帝承認的先知；另外則是傾向世俗關係的國王。

甚至大衛的「靈感」傾瀉在他的《詩篇》裡的，也比上帝對亞伯拉罕或摩西的指示較具俗世的變化。大衛不是 YHWH 的發言人，而是一個能夠屈膝的人，或在公開遊行時全心投入跳舞的人。他總是能獲得聖經讀者的心，其原因之一在於：他的經歷比那些孤獨的先知們的更接近我們自己的經歷。他是足球隊隊長、超級推銷員、有魅力的娛樂圈人士、才能非凡的政客。我們了解這個人。

穿過荒野的旅程，逐漸演變為進入自我內在不知名深處的旅程——到「心靈的部分」。這個新的精神旅程和身體旅程一樣，多事而且不可預測，充滿缺陷和驚奇。上帝寬恕大衛；卻有嚴重的後果在等著他。他的家族，正如先知拿單預測的，「刀劍必永不離開你的家」，還有他的妃嬪將「給你的鄰人」——結果是，大衛王的兒子押沙龍在叛變期間，為了表明他的皇家特權——「在光天化日之下與你的妃嬪同床。」

到目前為止，經由聖經的記述，我們可以考慮這樣的假定：遵從 YHWH 的人都獲賜財物與長壽，反對他的人則遭受痛苦及死亡的懲罰。就這一點來說，掃羅的死亡尤其是一個有教訓作用的例子。由於他喪失了君權，後來的人們就必須挑他的毛病。其實他的失敗可以說就是 YHWH 廢棄了他的王位，反過來也可以說，只有在王室犯了某些罪時，YHWH 才會廢棄此人的王權。他們找出掃羅的罪過——兩個儀式上的罪過——實在是毫無說服力的、對YHWH之怒的解釋。大衛的罪行——通姦和報復性謀殺無辜的平民——後果應該更嚴重，但由於大衛死於衰老，唯一可以找來作爲他的罪過的關鍵性政治後果的，便是押沙龍的叛變。這個粗糙的見解，即世間的成功和繁榮是獲得上帝喜愛的一個指標——通常這被認爲是喀爾文派（Calvinism）的見解，其實遠在他們之前就存在了——這個見解想來未能滿足人們的精神和心靈，因此聖經逐步的修改，從實體的轉爲精神的經歷。當以色列人更深入地留意他們的「隱藏部分」時，這種「一報還一報的道德觀之天生自然，對他們來說變得更明顯。

但這種內心旅程是從大衛開始的。古代文學作品顯然缺少自我意識。在當今廣泛應用的「我」這個詞，意思是個人內在的自我。在早期的現代人文主義者自傳之前（例如塞利尼〔Benvenuto Cellini〕的自傳），很少看到這個詞。在這之前，我們只能從早期的文學作品找出有限的幾個例子：像第五世紀希波的奧古斯丁之《懺悔錄》（*Confessions*）；據說是莎孚（Sappho）寫作的一些紀元前六世紀的片斷記載；還有——最古老的——《詩篇》，其中充滿了「我」：悔改的我、憤怒與報復的我、自我憐憫與自我懷疑的我、絕望的我、喜悅的我、入迷的我。有些詩篇毫無疑問是大衛本人作於西元十世紀的。這些詩篇是詩人的個人情感之寶藏。從詩篇本身，這個人情感與他們的內心狀態敏銳地調和；從古代豎琴師，戲劇化地意識到：精神呼喚了聖靈——他們的痛苦和喜悅只有在萬物的創造者那兒，才能找到永恆的滿足：「當我考慮到你的天堂、你手指的工作、你散布的月亮與星星；……視我如掌上明珠，將我庇護在你翅膀下……噢，體驗和看見耶和華（YHWH）是多麼好啊……當我沈思燃燒的火時，我的心在體內熾熱……我的上帝，我的上帝，你爲何拋棄我？你爲何遠離我的求助，遠離我的怒吼？……因爲對你來說，我只是個陌生人、一個旅居者，如同我所有的祖先……如同雄鹿渴望小溪流水，我的心也渴望著你，噢，上帝……。」「安靜，你知道我是上帝。」

這些滔滔不絕的自我反省，是無與倫比的祈禱詞資源，幾萬年來，被猶太人和基督教徒反覆頌唱。其中沒有哪首詩歌比「好牧人」更受珍愛的了；它是世界上最受歡迎的祈禱詞：

耶和華是我的牧者，
我必不致缺乏。
他使我躺臥在青草地上，
領我在可安歇的水邊。

他使我的靈魂甦醒，
爲自己的名引導我走義路。

我雖然行過死蔭的幽谷，
也不怕遭害，
因爲你與我同在；
你的杖，你的竿，都安慰我。

在我敵人面前，
你爲我擺設筵席；
你用油膏了我的頭，
使我的福杯滿溢。

我一生一世
必有恩惠慈愛隨著我；

我且要住在耶和華的殿中，
直到永遠。

這首信任之歌，歌中那種感動的態度、孩童般對上帝的信心，一定是那位偉大的牧羊人國王的傑作。他裸身跳舞「只爲了 **YHWH**」，並不以在他的人民面前謙卑爲恥。大衛可能與蘇美的武士國王有共同的態度，但那些國王只可能像米甲一樣，震驚於他之願意扮演上帝的弄臣。他是個一直保有牧羊少年之頑皮幽默的國王。他曾經點算過腓力斯人的包皮、在腓力斯提亞（**Philistia**）裝瘋、以感興趣的眼神注視著蹲著的君王。

大衛一直都是上帝的小鬥士，展現和他爲以色列而挺身面對巨人同樣的逞強好鬥的自信。在當今的耶路撒冷，當朝聖者走近舊城壁壘時，仿佛可以想像到：大衛仍然悠閒自信地站在他的征服地、他的大本營錫安城上。當他微笑時，他結實的肌肉微顫。他搖著頭，不敢相信屢被夷爲平地的大衛城已經變得如此巨大。在他的年代，這座城市只佔據一個小山頭，在遠處就可看到城市的屋頂，居住的人口不多於兩千人。但它仍在那裡，它的存在將我們帶回到它那王室的創立者，那個小城市的小國王，還有那個他侍奉的上帝那兒：

聖錫安城的助力永存，
更遑論她的自信。

---

❶以擁抱的方式將手放在他人的頭部，被認爲可以將生命的能量從一個人傳遞到另一個人。就那些偉大的領導者來說，這個舉動使他們領導的感召力得以傳遞給他的接班人。

❷這一句是希波的奥古斯丁之原罪教義的來源，認爲原罪是由亞當和夏娃在伊甸園的作爲導致並留傳給經由性交而產生的所有後代。至於奥古斯丁的這一句話，並非意味著大衛的母親因性交懷孕而犯罪。這只是古人普遍認爲人類是有罪的例證。請參考本書七十一頁《吉爾伽美什史詩》的阿特—拿比施廷及其他地方；還有聖經《馬太福音》七章十一節裡耶穌的話。

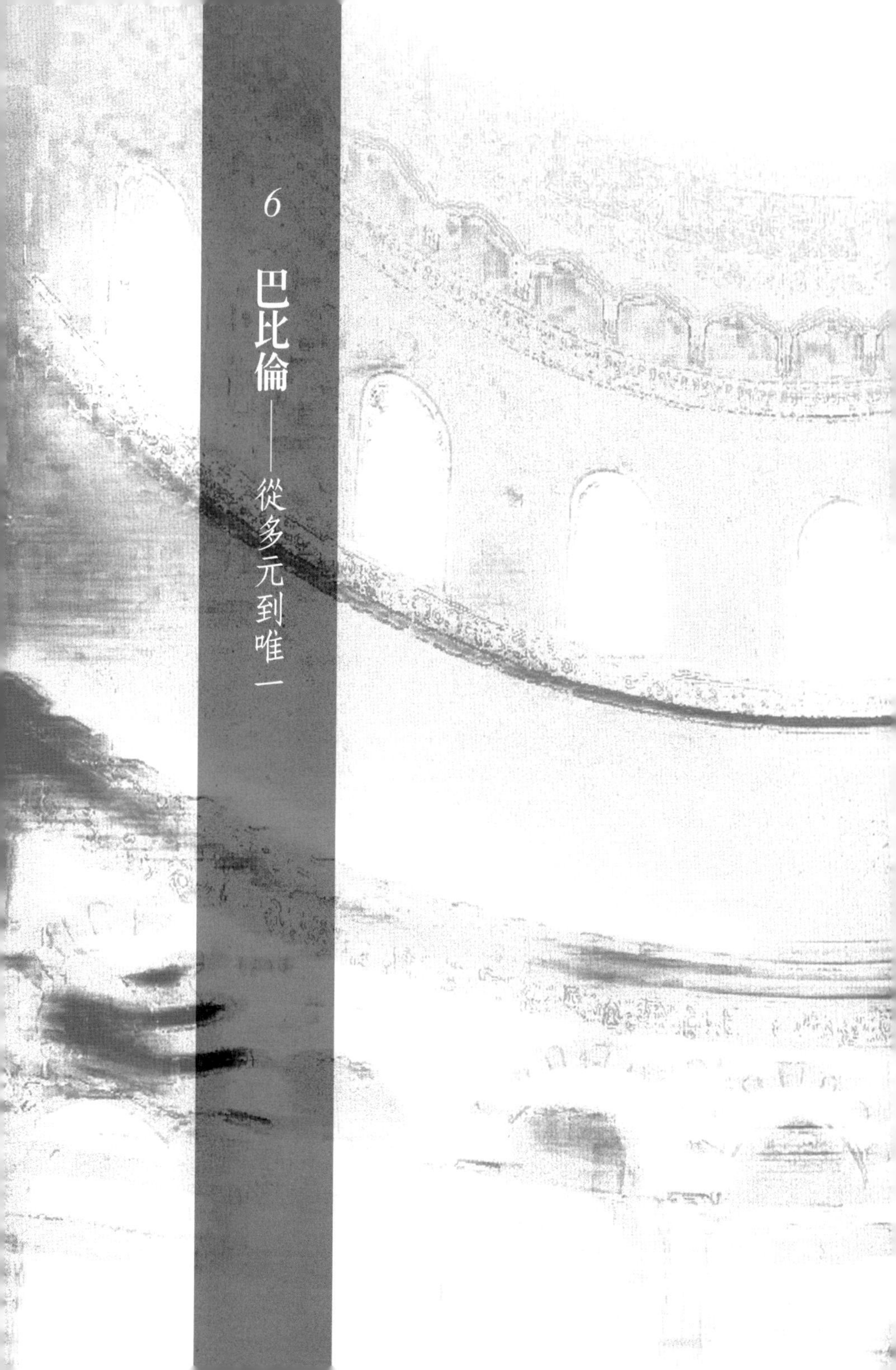

6 巴比倫——從多元到唯一

雖然《撒母耳記》書中記載了大衛多情的英雄事蹟，但在眾多的古代君主中，他一定會被認爲是個節慾的人。他的繼承人，也就是他的兒子所羅門，在母親拔示巴和先知拿單的操縱下登基後，即迅速增加皇室女眷至七百多個妻子和三百多個妾，使耶路撒冷的人口大爲膨漲，不久便散播到鄰近的山區。所羅門的欲望不限於女眷，事實上，他娶獲新妻子原是爲了政治欲望多於滿足性愛。每個新的妻子都帶來進一步的同盟，其中最重要的是迎娶法老的女兒，所羅門特別爲她在北方的山上建了一座宮殿。

自從所羅門的父親擊潰了腓力斯人，他們曾經是唯一可能威脅以色列在黎凡特之宗主權的人；還有，自從大衛的帝國向南幾乎擴張到埃及的邊界，向北到敘利亞，向東到美索不達米亞，所羅門便居於令人羨慕的地位，成爲幾個極其富有的社會之中介者。以色列是篷車商隊必經的路線——還有，任何商人都會告訴你，如果你可以在生產貨品或作爲逐什一之利的中介者選擇，相信你會選擇後者。不需成本、沒有持續的製造費用、也沒有常費、清單、保險等等費用，只需付通行稅而已。

所羅門財富之泛濫，使他著手一項迦南前所未有的建設計畫，企圖和傳統中的遠方文明社會分庭抗禮。金、銀、銅、鐵，還有猩紅色、深紅色和紫色的布匹，從俄斐（Ophir）運來的香木，黎巴嫩的香柏和刺柏木材，連同建築師、設計師、銘刻家和木匠，以及各種不同專業的技工，都運送到耶路撒冷去。「所羅門王的一切飲器都是金的。黎巴嫩林宮裡的一切器皿都是精金的。所羅門年間，銀子算不了什麼。因爲國王有他施艦隊每三年回來一次，滿載著金銀、象牙、猿猴和狒狒。以財富和智慧而言，所羅門超越了世上所有的國君；普天下都向他請教，聆聽上帝灌輸在他心中的智慧。每個人都會帶來禮物；有銀造的、金造的東西，粗繩、盔甲、香料、馬匹和騾子；這樣持續了很多年。」

雖然這些事能連篇累牘地寫下去，我並不打算強迫你們繼續聽。究竟所羅門有多麼明智？他的名聲又有多少是單靠他的財富而得來的？但在他所作所爲的背後，確實是糟得毫無智慧可言。

首先，他手下的那些技術欠佳的工人是戰敗被強迫服役的迦南人。但是，一旦在埃及皇后的宮殿建好了以後，還有，覆蓋整個新山陵頂部的皇帝宮殿，以及與之毗鄰的 YHWH 聖殿——專爲方舟而新建的，其宏偉更勝於埃及和巴比倫層樓式神殿——所羅門的計畫更加複雜精緻了。他需要道路、橋樑、遍及國土的國防、特別的「雙輪車城」來容納騎兵。他還需要……像法老利用以色列勞工所建的那種用來儲存的城市。他開始壓迫以色列人；還有，因爲他的財庫已經空虛，他做了一件世上最有損人民愛戴的事，也就是開始徵收重稅。

所羅門的兒子羅波安繼承王位，他是第三位大衛家的成員登上以色列王位的。正如通常會發生的一樣，從創始人的創造力之後，隨之而來的，往往是第二代的成見——再來就是第三代的成見和愚昧。在羅波安登基之前，聯盟內部的壓力已到了北方部落貴族對他們威脅的這種危機的地步：「你的父親殘酷地統治我們，如果你願意減輕你父親施加在我們身上的奴隸制度，我們將爲你效勞。」年輕魁梧的羅波安嚇了一跳，愣了一會兒，要求三天的考慮時間。他的長輩建議他：「如果你對待人民仁慈友善的話，給他們公道的回答，他們將永遠是你的僕人。」但是他不願意一開始統治便顯得懦弱，於是拒絕了這個建議，而請教「和他一起長大的夥伴」，他們慫恿他稍等一等。三天後，北方的貴族回來要求答覆時，他發表了一段短短的演說，講稿是由他的同儕朋友編撰的：「我的陰莖比我的父親的大腿還粗！所以——如果說我父親殘酷虐待你們，我將會更嚴厲。我父親以鞭打來控制你們，我將用蠍子鞭打你們！」羅波安，加油！

以色列聯合帝國因此滅亡。從此以後，北方的王國便由他們自己的君主依各自的方法治理。

大衛家族在三個世代裡，從眾多的國家中興起到無與倫比的富庶，再到成爲猶大王國這樣一個無足輕重之殘敗國家的災難。但是在這段短時期內，使用迦南的普通話而略有不同的希伯來文學誕生了。它也是世界上第一個採用字母的語文。這字母是鄰近的腓尼基閃族人發明的。在所羅門王統治的時期裡，繼大衛的《詩篇》之後，產生了古代故事的記載。這些記錄後來都與北方傳入的故事交織一起（通常是同一故事的不同說法）。後來又再經過修改和提煉，以適合教士和君主的議題，也就是我們今天所有的妥拉書。

除了早期君主制對早期希伯來文學無與倫比的貢獻以外，以色列聯合王國維持的時間，正好足以在南北兩方人的腦中建立一種觀念：君主制政府是自然的命運，君主領導制將會持續到兩王國的沒落。然而，許多世紀以來，掃羅和大衛王位的繼承行列中，很少有符合期望的。一般都顯露出掃羅的猶豫，或所羅門的殘暴，或所有他們令人討厭的品質，直到他們的臣民心中有著強烈的渴望，期待一位大衛二世、一位眞正國王的再度出現。大衛王朝的神話增長至亞瑟王那樣的比例，隨著時間，更演變成一個具有細節的信念。這信念便是：有一天，神將會派來另一位神「指定的」救世主，最後，神的眞正代表將會來臨，以拯救世人。

但是在這種夢想開始之前，像摩西這類受了啓發的領導者，被上帝用來作爲向世人講話的媒介的觀念，退化爲遙遠的過去，成爲祖先故事的一部分；皇帝變成了只是行政權力的另一名人物，而且經常不講理，有時更施行暴政，沒有什麼值得一提。感謝大衛建立了耶路撒冷 YHWH 的狂熱崇拜，也感謝所羅門，在一座聳立在耶路撒冷的宏偉建築物裡，統一了狂熱崇拜和君權主義，甚至 YHWH 的祭司，也變成教堂的工作人員、君權體制的成員而已，比作文書工作好不了多少；比較類似埃及和美索不達米亞的教士政治家，而比較不像早期希伯來的教士先知者。人們再不能期待像撒母耳帶動的那種積極於創造君主制、或拿單告誡國王的使人畏懼的這類工作。我們又回到誰是上帝喉舌的老問題，有誰足夠開通，聆聽上帝的話，並且有足夠的勇氣，大聲地說出祂的話？所需要的顯然不是那種正式指定的國王，或正式任命的祭司，而是某位非正式的、激進的外來者。

北方王國的新國君沒有浪費時間去組織狂熱崇拜團體，以與耶路撒冷伯特利之神的雙金犢祭壇相抗衡——依猶大的看法，這理念是：「無神之神」。在紀元前第九世紀的二十五至五十年間，輪到以色列的亞哈登基，和他強大的腓尼基耶洗別王后。《列王紀》將她描寫爲濃妝艷抹的妓女。她是個熱心的巴耳神崇拜者，也是巴耳的迦南女神阿斯拉的高級女祭司。聖經將她描述得有如迦南的馬克白夫人。亞哈在撒瑪利亞的北方首都爲巴耳神建造了一座廟堂，建造期間還以他的兩個兒子作爲祭祀的犧牲品；而耶洗別則忙碌著「屠殺 YHWH 的先知們」——可能是一群宗教狂。

剩下來的最後一位先知提斯比的以利亞，向巴耳教的先知挑戰，要求在迦密山的斜坡上作戲劇性的決鬥：每方得提供犧牲，然後看哪一方的牲品被來自天堂的火吞噬，便算是得勝了——勝利的一方所敬拜的神便會被人們承認爲眞正的神。這結果是可以推測的；事實上，整個以利亞的敘述充滿了報復性的神跡，而最後都由一輛凶猛的馬車把先知帶到天國去。這種描述有一種無知的慣例，只有一件發生在西奈的「神山」的事件是例外，也就是以利亞在那兒尋找暫時的避難所的那件事。

「他進入一個山洞，在那裡面過夜。然後 **YHWH** 的聲音對他說：『以利亞，你在這裡做什麼？』他回答道：『我充滿了對 **YHWH** 沙巴奧不能不信的熱忱，因爲以色列人背棄了你們之間的約定，毀壞你的聖壇，殺死你的先知使者。我是唯一存活的，而現在他們要索我的命。』於是他聽到指示：『走出去，到山上站在 **YHWH** 的面前。』那時候 **YHWH** 從那裡經過。在 **YHWH** 面前，一陣颶風把山吹裂，把石塊吹得粉碎。可是 **YHWH** 並沒有在颶風裡。在颶風之後，又有地震。**YHWH** 也沒有在地震裡面。地震之後，又是大火。而 **YHWH** 也沒有在大火裡面。在大火之後，有輕輕喃喃的聲音。」——在欽定本裡被美化爲「平靜細小的聲音」。

YHWH 畢竟不是神牛巴耳，也不是暴風神。因爲祂是氣候的創造者，掌控著氣候，祂並不是元素之一，更不是特別的效果。他在我們當中是那平靜細小的聲音，是每個人良心的含糊低語。這聲音在我們所有的敘述裡扮演中心的角色。曾有那麼一次，我們得到有關那良心聲音的描述，它跟我們預期的頗爲不同。以利亞是個老作風的先知：他好像撒母耳一樣，是屬於祭司公會的，他的啓示是給國君的私人聖言神命。但在這事件中，他給了我們一些新的啓發，並成爲以後發生的事的橋樑。

大約在八世紀中期，一位名叫阿摩司的牧羊人住在離伯利恆數里外的地方，他領悟到神的消息，因而前往北方，去向崇拜偶像的以色列人傳道。當時的以色列人正享受著數代欠缺的、突飛猛進的經濟。正如以利亞一樣，阿摩司毫無疑問的不是專業的先知，和先知同僚沒有任何關係。用他自己的話來說，他「只是個牧羊人和修剪無花果樹的人」。這可以從他在宗派分歧的伯特利神殿和撒瑪利亞街上發表言論時，使用粗俗的、刺耳的字眼得到證明。在那兒，這位震驚的牧羊人目睹了豪奢的消費，他領悟到，那只是社會不平等的另一個新形式。

「你們住撒瑪利亞山（最好的房地產）如巴珊母牛的啊，

當聽我的話
你們欺負貧寒的，壓碎窮乏的，
對家主說：『拿酒來，我們喝吧！』
主耶和華指著自己的聖潔
起誓說：
『日子快到，
人必用鉤子將你們鉤去，
用魚鉤將你們餘剩的鉤去。
你們各人必從破口
直往前行，
投入哈門。』
這是耶和華說的。」

那些悠閒的撒瑪利亞女士不習慣這種發表言論的態度，她們的成功富有的丈夫們也是如此。阿摩司指責這些富有的丈夫們：

「他們怨恨那在城門口責備人的，
憎惡那說正直話的。
你們踐踏貧民，
向他們勒索麥子；
你們用鑿過的石頭建造房屋，
卻不得住在其內；
栽種美好的葡萄園，
卻不得喝所出的酒。
我知道你們的罪過何等多，
我知道你們的罪惡何等大。
你們苦待義人，
收受賄賂，
在城門口屈枉窮乏之人……。」

「你們要求善，不要求惡，

就必存活。
這樣，耶和華——萬軍之神
必照你們所說的與你們同在。
要惡惡好善，
在城門口秉公行義。」

當他——以神的名——膽敢批評以色列人高貴的虔誠，以色列人對他這種惹人厭的街上活動，只是日益增加反感而已：

「我厭惡、責備你們的節慶，
也不喜悅你們的嚴肅聚會。
你們雖然向我獻燔祭和素祭，
我卻不悅納，
也不顧你們用肥畜獻的平安祭；
要使你們歌唱的聲音遠離我，

我不聽你們彈琴的響聲。
唯願公平如大水滾滾，
使公義如江河滔滔。」

那是個驚人的演出，使原本令人驚奇的更加地出人意料之外——阿摩司自己馬上被驅逐出以色列。但是在他名噪一時的短暫時間裡，他採用古老的預言藝術，並且將之改造成爲新時代的新工具。眾所周知的，像摩西這樣受歡迎的領袖早就成爲過去；像大衛這樣的好國君早就成爲過去；像撒母耳這樣的祭司，還有像拿單這樣對有權勢的人說眞話的先知，都早就成爲過去了。所以，上帝擢升沒沒無名、沒有出身的人來講說眞理——率直的，毫不掉弄玄虛，而且每個人都聽得到——一個身上還帶有牧場氣味的牧羊人，對著自滿的、身上香噴噴的人，吼叫著眞理。

對第八世紀的撒瑪利亞人而言，這眞理是：爲上帝服務的意思就是行正義。人不可能祈禱並且供奉犧牲品，卻不理會門口的窮人、乞丐。更激進的觀念是：如果你擁有的超過你所需要的，那你就是竊賊，因爲你「擁有的」是從貧窮的人那兒偷來的。如果你生活富裕，你便是個殺人犯，因爲你是從那些飢餓的人口中奪來的。你是個偶像崇拜者，因爲你禮拜的不是眞正的神。你是個妓女，因爲和其他的神祇同床共枕，那些只是你自欺欺人的神，你這個「用暴力和敲詐塡充（你的）皇宮」的人，「將弱者的腦袋壓碎成灰，把被壓迫的人們的權利丟到一旁。」

當時有一位比較年輕的人名叫何西阿加入阿摩司的行列，此人以類似的風格傳道，但由於他有過妻子對他不忠的經歷，他戲劇性地將以色列比喻爲對滿是愛心的上帝不忠的墮落妻子。何西阿對他妻子歌篾的渴望是沒有回報的苦痛——和上帝對以色列的愛混在一起，事實和比喻無法分清楚：

你看，我將誘導她，
領她到曠野，
對她說安慰的話。……
她必在那裡應聲，
與幼年的日子一樣，
與從埃及地上來的時候相同。

這個以求愛作爲以色列與上帝間「神聖的結合」的比喻，在《出埃及記》的沙漠敘述裡首度出現，在這兒有了新的轉折。但是阿摩司和何西阿兩人也都期待著「**YHWH**之日」，一個可怕的報仇的日子，剝削者將會得到審判；根據《阿摩司書》，只有「留下來的」會被拯救。這個日子的形象，還有所謂的留下來的，在這兒第一次相提並論，而在新的預言運動之力量增強後，也跟著變得比較重要。

在七二一年，以色列國**YHWH**之日來臨。當時的前不久，以色列王國由於亞述（**Assyria**）帝國向東北之擴張，退爲諸侯國。但在亞述的偉大勇士皇帝提革拉毘列色三世（**Tiglath-pileser III**）去世後不久，以色列決定展示實力，推翻亞述的統治。這是以色列犯下的最後的錯誤。亞述後裔強行帶走所有有財產的人，使以色列貴族流散遍及整個帝國，成爲無名的奴隸，永遠再也聽不到他們的訊息。那日子來到的時候，他們的土地已經被帝國內其他地方來的臣民們佔居。那些殖民和留下的農民通婚後，也被稱爲撒瑪利亞人了。

阿摩司知道自己在說些什麼。他甚至還糾正了這長期流亡的方向——東北「朝向黑門」，如同他曾經警告巴珊母牛一樣，他們現在已經喪失了他們的家和華麗的衣物，甚至身分。以一個團體而言，以色列算是蒸發掉了——十支失去的部落❶，在歷史的記錄裡再也找不到他們的蹤跡。

我們不知道，以色列的子孫們——南方王國的猶大人不久之後就被稱為猶太人——現在是阿摩司預言的「留下來的」，如何認知阿摩司和何西阿預言裡所作的這可怕的確認。但是南方的人有他們自己新的先知，那些令人討厭的預言家當中有一位出類拔萃的猶大的以賽亞，他可能是所有的先知裡最偉大的。以賽亞和阿摩司大不相同，他是受過教育、能接近國王的人，甚至可能是個作家——第一位文學先知，雖然那幾近天衣無縫的《以賽亞書》暗示了以賽亞的神諭是在他死後由門徒編輯起來的。

當以賽亞二十五歲的時候，他在耶路撒冷的所羅門王聖堂裡看到一幕上帝在祂的至聖所裡登基為王的景象。六個有翅膀的「激昂的」天使們圍繞著上帝，他們喊叫道：

聖哉！聖哉！聖哉！
萬軍之耶和華（YHWH）；
他的榮光充滿全地！

以賽亞的嘴被天使之一的熾熱的煤炭純淨化了，然後被派去傳播沒有人會相信的眞理，「直到城邑荒涼，無人居住，房屋空間無人，地土極其荒涼，YHWH將人們遷到別處，整個國度被廢棄。」

以賽亞的第一個預言具有文學上刻意追求的平靜：

我所親愛的
有葡萄園在肥美的山崗上。
他刨挖園子，撿去石頭，
在園中蓋了一座樓，
又鑿出壓酒池；
指望結好葡萄，
反倒結了野葡萄。

「耶路撒冷的居民和猶大人哪，
請你們現今
在我與我的葡萄園中，
斷定是非。

我爲我的葡萄園所做的之外，
還有什麼可做的呢？
我指望結好葡萄，
怎麼倒結了野葡萄呢？
現在我告訴你們，我要向我的葡萄園怎麼行；
我必撤去籬笆，使它被呑滅，
拆毀牆垣，使它被踐踏。
我必使它荒廢，不再修理，不再鋤刨，
荊棘蒺藜倒要生長。
我也必命雲不降雨在其上。
萬軍之耶和華（YHWH）的葡萄園，就是以色列家；
他所喜愛的樹就是猶大人。
他所指望的是公平，誰知倒有暴虐；
指望的是公義，誰知倒有冤聲。」

如果說，這溫和的年輕先知最初的話語不夠博學婉轉，不妨看他隨後學會了將文學天賦運用在傳佈呆板的消息上，咒罵不經心的猶大人，「是誰把壞的說成是好的，把好的說成是壞的；誰把黑暗換成光明，把光明換成黑暗。」就像阿摩司，他咒罵他們對窮苦和脆弱的不公平，還有他們虛僞的宗教，但是他採用不會犯錯的作風。除了《詩篇》以外，從《以賽亞書》引用來的著名語句比希伯來聖經裡其他任何書篇都多。「牛認識主人，驢認識主人的槽，……來，現在讓我們一起來講理……你們的罪雖然像硃紅，必變成雪白；……他們要將刀打成犁頭，把槍打成鐮刀：這國不舉刀攻擊那國，他們也不再學習戰事。……你們爲何壓制我的百姓，搓磨貧窮人的臉呢？……艱難當餅，困苦當水。」

正如阿摩司和何西阿之威脅以色列，以賽亞以可怕的 YHWH 降臨日威脅猶大人，但是他那拯救留存者的承諾，充滿了詩樣的力量，不是前二者所能比並的：

在黑暗中行走的百姓，看見了大光；
住在死蔭之地的人，有光照耀他們。……
因有一嬰孩爲我們而生；有一子賜給我們：
政權必擔在他的肩頭上；

他名稱爲「奇妙策士」、全能的上帝，
永在的父、和平的君。

從耶西的本，必發一條；
從他的根生的枝子必結果實。
耶和華（YHWH）的靈必住在他身上，
就是使他有智慧和聰明的靈，
謀略和能力的靈，
知識和敬畏耶和華的靈。

但是在這肯定的彌賽亞預言實現之前，必須忍耐 YHWH 之日，在那之後，猶太人就不必再依賴暴君了：

以色列所剩下的和雅各家所逃脫的，
不再依靠那擊打他們的，

卻要誠實依靠耶和華
以色列的聖者。
所剩下的，就是雅各家所剩下的，
必回歸全能的上帝。
以色列啊，你的百姓雖多如海沙，
唯有剩下的歸回。

最後，和平的國度將是他們的：

豺狼……必與綿羊羔同居，
豹子與山羊羔同臥；
少壯獅子與牛犢並肥畜同群；
小孩子要牽引他們。……
在我聖山的遍處，這一切都不傷人，不害物；
因爲認識耶和華的知識，要充滿遍地，

好像水充滿洋海一般。

雖然以賽亞的哲言被他的信徒保存下來，卻和阿摩司以及何西阿的預言一樣，人們聽而不聞。以賽亞當時的人們對他所提出的審判和撫慰，感到既不恐怖也不興奮。雖然猶大有幸有兩個致力改革的王室——希西家和約西亞——在位有一百年的期間，卻也很不幸的受兩個大衛王朝最壞的統治者亞哈斯和瑪拿西之管轄。以賽亞是希西家（七一五—六八七）的顧問，而根據傳說，他被瑪拿西（六八七—六四二）鋸成兩段。

致力改革的王室試圖淨化迦南人那種混雜可憎的 YHWH 之狂熱崇拜，在聖殿裡僅允許敬拜那唯一的上帝，拆毀原有的至聖所和神聖的場所，這些場所長期以來容許迦南異教和 YHWH 宗教合併共行。然而，亞哈斯和瑪拿西不僅容忍迦南神祇，還比任何早期的以色列和猶大的國君們（除了亞哈之外罷）更過分，以孩子做爲犧牲，奉獻給摩洛。這種恐怖的吞吃孩子的神祇，其崇拜儀式在耶路撒冷南方充滿煙霧的欣嫩子山谷舉行❷。在那兒，固執的祭司們時時撥旺那永遠的火焰，準備投入新鮮的、顫抖的犧牲者。

和以賽亞同時期的先知彌迦，曾經提到這種焦燒的恐怖儀式。他想像，有個有閒有錢的忠誠信徒來向他請教什麼是最好的崇拜上帝的方式：他是否該拿自己的孩子祭神，使得神對他的願望作滿意的答覆？

「我朝見耶和華，
在至高上帝面前跪拜，
當獻上什麼呢？
豈可獻上一歲的牛犢爲燔祭嗎？」
「耶和華豈喜悅千千的公羊，
或是萬萬的油河嗎？
我豈可爲自己的罪過，
獻我的長子嗎？
爲心中的罪惡獻我身所生的嗎？」

彌迦憎恨這種念頭。這種念頭根據那混合了的迦南傳統和以色列宗教，但是失去了它們根本的意義：

耶和華已指示你何為善。
他向你所要的是什麼呢？
只要你行公義，
好憐憫，
存謙卑的心，與你的上帝同行。

對先知們來說，偶像崇拜和沒有公義之間有深厚的關聯。巴耳、阿斯塔德、摩洛都是人類欲望的神：他們可以賜給人們權力、財富、聲望、還有勝利，也可以被花言巧語或貢品慫恿了這麼做。但是我們的上帝是天上和人間的神，祂曾經告訴我們，祂唯一接受的奉獻便是和祂的公義一致的公義：公平對待他人，予人同情，並且絕不向交換物品的行為——醜惡到以孩子為犧牲——所導致的殘酷妥協。YHWH 教，從亞伯拉罕捆綁以撒準備以他燔祭上帝開始，發展有很長一段時間了；也逐漸建立起新的公理，將人們分成兩大類：富有的人崇拜偶像，並且犧牲孩子；窮人則是有正義的。但是希西家和約西亞的改革，不能扭轉而只能延後 YHWH 來臨的日子。無可避免的，這日子是那些長期變節的上帝的選民、猶大的遺民，還有那些他們社會裡的不平等造成的，從所羅門時代以來越演越烈。

第七世紀的後半，約西亞在位期間，《約書亞記》、《士師記》、《撒母耳記》、《列王紀》已經成書，上帝審判的預言者耶利米興起，替 YHWH 告訴人們這個最後的機會：「你們改進行動作爲，我就使你們在這地方仍然居住。你們不要依靠虛謊的話，說：『這些是耶和華（YHWH）的殿，是耶和華的殿，是耶和華的殿！你們若實在改正行動作爲，在人和鄰舍中間誠然施行公平，不欺壓寄居的孤兒寡婦，在這地方不流無辜人的血，也不隨從別神陷害自己，我就使你們在這地方仍然居住，就是我古時所賜給你們列祖的地，直到永遠。』」

在猶大，一向相信大衛得到的有關永恆的耶路撒冷的許諾，和 YHWH 出現在大衛聖殿裡的方舟之事，將會保護猶大——不像北方的國家——免於極度的災難。耶利米預言耶路撒冷及其聖殿的毀滅，還有 YHWH 的離去。他將會發生的事說得很清楚：已經使亞述在美索不達米亞的強勢政治之下黯然失色的巴比倫國王尼布甲尼撒，將會傾全力對付猶大的人民，剷平他們的城市和聖殿，使「整個國度被廢棄」。隨之而來的是在巴比倫被奴役七十年。

這是確實發生了的事，但不是在耶利米發表反對國策言論、被定罪爲賣國入獄之後。在尼布甲尼撒佔領猶大城市後，他被尼布甲尼撒的手下「釋放」，他們認爲耶利米是站在他們這邊的，因此讓他選擇和其他猶大上層人士一起流亡巴比倫，或是和分散的猶大農民留下來。耶利米選擇留下。耶路撒冷烽火遍地、城牆夷平、聖殿拆毀、方舟永遠遺失，**YHWH**也消失了。猶大的最後一位國王西底家親見兒子們被處死，這是他最後看見的事。隨著這殺戮之後，他雙眼被弄瞎，以鏈子縛送到巴比倫，最後死在那兒。耶利米死在埃及，他是被一些善意的朋友強迫前往那裡的。

但是，正如耶利米預言的上帝的話：

「我必將他們
從北方領來，
從地極招聚。」

上帝的子民不再是以色列和猶大驕傲的貴族，而是邊緣和無權的人們——瞎子、跛子，還有孕婦：

「同著他們來的有瞎子，瘸子，

孕婦，產婦；
他們必成爲大幫回到這裡來！
他們要哭泣而來。
我要照他們懇求的引導他們，
使他們在河水旁走正直的路，
在其上不致絆倒。

「以色列處女哪，
你當爲自己設立指路碑，
豎起引路柱。
你要留心向大路，
就是你所去的原路；
你當回轉回轉到你這些城邑。
背道的女子哪，
你反來覆去要到幾時呢？

耶和華（YHWH）在地上造了一件新事，
就是女人出發再去找她的丈夫。」

這是不是說，將不忠的新娘帶回她丈夫的身邊？城市和聖殿已經沒有了，所有帶給猶太人（因爲他們就是現在的猶太人）虛假的安全感的東西都沒有了。上帝是否也走了？或者祂在這次可怕的流亡裡，在信奉異教的巴比倫，教給他們一些新的事物——「在地上造了一些新事」？

我們曾在巴比倫的河邊坐下，
一追想錫安
就哭了。

他們坐在幼發拉底河和底格里斯河畔，就是這些故事的發生地，坐著哭泣並沈思他們的命運。現在他們知道了，先知們曾經告訴他們眞理，是上帝的代言人——而且就是在這一刻，那些曾被認爲是神的啓示的開始被認爲是預言了：眞正的先知是從能夠現在看出未來的人，他的眞實性也是在預言實現的時候得以確認。上帝沒有要他們的犧牲貢品、他們的國家聖堂、他們外在的表現。祂無意保證他們的政治力量：祂已經以很艱辛的方式表示，祂對這沒有興趣。這到底是怎麼回事？

我們必須看一下第六世紀早期的古代世界，才能了解這個新的思考路線多麼出乎猶太人的意外。那時候的宗教就是供奉犧牲。所有的人都在公共的聖殿裡安撫他們的神祇，和王權聯結。上帝、國君、祭司、人民的身分，是很明顯而不會混淆的。那時別無他法，如果上帝毀壞他們的身分，祂還能從他們那兒得到什麼？在面臨這難題的當中，預言家們的那些不經心的話語在他們心中浮現。上帝要的是血和煙火、房屋和堡壘以外的東西；祂要的是公義、慈悲、謙虛；祂要的是看不見的。祂要他們的心——不是外在的，而是內在的。

再也沒有比這想法更奇異的了。猶太人所想的和所有其他遠古的人們一樣——房子和土地、鳥群和牛群、金子和銀子。我們口中常說的一個詞兒——「心靈的」——在遠古的世界裡還沒有這種想法。當然，**YHWH** 是心靈的，祂和別的神祇完全不同，因爲祂是無形的，無法以技術來表現。而也正因如此，祂往往帶給信仰的人們很多麻煩，他們盼望描述祂，像其他的人們描述他們的神祇一樣。他們所能想像的最有可能是心靈的是風與呼吸

——是唯一看不到而眞實的東西，因爲你能看到它的效果。爲了引領人們，YHWH 有時會降臨到領導者、先知、祭司和國君身上。至於人們呢？人們沒有靈，神不曾降臨到他們身上。

但不論男女都有生命的氣息，這氣息在人們死後離開身體，正如 YHWH 神秘地捨棄祂的聖殿。每個人都有「內在」，那是猶太人以前不曾認眞談論過的。上帝的意思有沒有可能是：每個人之成爲國君、預言者、祭司都是他們自己要的？上帝在西奈山上說，祂將使他們成爲「佈道者的王國、神聖的國度」，是否這就是祂的意思？祂是否使他們成爲心靈的國家、一個沒有表面制度的國家？陪伴人們一起逃亡的預言者以西結，以神的名義提到即將到來的歸還：「我要給他們專一的心，也要將新靈放在他們心裡面；又從他們肉體中除去石心，賜給他們肉心。」他指的就是這個「內在」國度。對以利亞說話的那個「安靜的、細小的聲音」——是否就是在這個內在——上帝眞正的聖殿？方舟已經失傳了，記載十誡的石版也不見了，但上帝不是藉著耶利米的話應允了一個新的契約，在那新的契約裡，祂的律法將會寫在「他們的心上」嗎？當上帝告訴他們「在路途上堅定你們的意志」的時候（也是藉著耶利米的話），祂指的是否就是心靈的旅程？

那些第一次有這種念頭的人一定感到被巨雷徹底震動。他們現在可以回顧整個歷史

——從亞伯拉罕被召喚前往杳無人煙的荒地，到摩西被召喚領導人們從被奴隸走向自由，到聖化大衛王（當預言者警告人們，他們還沒有爲上帝作任何事的時候，唱名：「我！」的那個大衛）——他們在回顧這些歷史時，可以看出神一直都在帶領著他們，一步一步地啓發，並且告訴他們「世間的一些新消息」，也就是他們自己的故事。

有關猶太人流亡的事我們所知不多。聖經的作者對描述巴比倫跟描述蘇美和埃及一樣地厭惡。當他們寄居在不同角落的遠古世界時，有些猶太難民靠著君主時代發展出來的經商技巧賺了大錢，因此不願離開新的家園。流亡時期因而成了猶太人散居各地的濫觴，一段至今還沒有結束的時期。公元五三八年——差不多是耶利米預言後的七十年整，波斯人擊敗巴比倫人時，波斯國王居魯士（Cyrus）頒布法令，允許猶太人離開。有一小部分的人回到他們祖先的老家，後來有更多的人陸續回去。

回錫安的並不是多年前被帶走的那一群人，而是來自當時各文化地區、具有世界各地不同之見解的新一代。他們來到這一片曾經被荒廢的土地，竭力維生；他們也帶來一些書籍，這些書有的曾陪伴著他們流亡，有的是在流亡時期寫成的。在流亡期間，或回歸後不久，妥拉律法便編寫完成。此書將猶太和以色列的口頭文學交織一起，考慮到當時的祭司和寫作者處在一個脫節的時代，於是經由詳述宗教儀式之規定、律法、還有系譜，達成加強其連貫性和可信度之需要。這一切都加入其最後的定本裡。

但這本書也吸取了先知的電光，以及流亡經驗的心靈創傷。他們在已經摧毀的土地上播種，重新種植毀壞了的葡萄園，這些殘存的人們都很想知道耶利米這番話的意思：「耶和華（YHWH）說：日子將到，我要把人的種和牲畜的種播種在以色列家和猶大家。我先前怎樣留意將他們拔出、拆毀、毀壞、傾覆、苦害，也必照樣留意將他們建立、栽植。這是耶和華說的。當那些日子，人不再說：『父親吃了酸葡萄，兒子的牙酸倒了。』但各人必因自己的罪死亡；凡吃酸葡萄的，自己的牙必酸倒。」當然，這酸葡萄引喻的意思是：每人都要對他自己的罪負責，不再是報應於下一代。責任不在部落，而在個人。就像旅程和宗教義務的心靈化一樣，這個個人的觀念——單一的靈魂——開始建立。這觀念很困難地進入這個有團體、部落和國家的世界，在這樣的世界裡，所有的身分和認可都只有從與較大的團體團結一致而得來。

新的文學開始出現。其中一些借鏡於猶太人在逃亡期間得知的其他文學，比較像是遠古世界裡其他地區的人間「智慧」文學，而不像妥拉或預言書；在較後期寫成的聖經篇章裡，如《箴言》和《傳道書》，我們有時會看到一些會使吉爾伽美什感到舒服、讓摩西吃驚、令阿摩司厭惡的譏刺嘲弄的觀念。但猶太人經由他們自己的古老文獻建立成的文化差距，亦使他們能作較深入透徹地閱讀。仔細思考《詩篇》和預言書，然後才開始明白，他們終於提出以前從沒有提過的問題：爲什麼正義之士必定要遭受苦難？如果原罪和報應端在個人，那些不應得的苦難又有什麼意義呢？經由約伯這樣善良的、沒有罪而遭受苦難的人物，他們提出了質疑。但是這種問題沒有答案，只有：「賞賜的是耶和華，收取的也是耶和華：耶和華的名是應當稱頌的。」他們已領略到人類生命中無法解釋的核心，只有痛苦的心才能跟另一個痛苦的心去說——而且另一個只能報以同情，卻不能給予答案。如果眞有理由，那將是個不可理喻的理由。

這個新文學與這類的省思息息相關，看起來好像是存在主義者，好像就在我們的周遭，充滿了現實的痛苦和歡樂。在《雅歌》篇章裡，我們看到了「書拉密」和她的情人，這對沒有結婚的男女，演出了永遠令讀者感動的對唱。她首先唱道：

我身睡臥，我心卻醒。
這是我良人的聲音：
他敲門說：

「我的妹子，我的佳偶，
我的鴿子，我的十全十美人，
求你給我開門；
我的頭髮因夜露而濕透。」

「可是我已經脫了衣裳，
怎能再穿上呢？
我已經洗了腳，
還要再弄髒嗎？」

我的良人伸手進來打開門栓，
我的心怦然而動，
我起來爲他開門，
我的兩手滴下沒藥；
我的指頭有沒藥汁滴在門栓上。

⋯⋯

他的兩手好像金管，
鑲嵌水蒼玉；
他的身體如同雕刻的象牙，
周圍鑲嵌藍寶石，
他的腿好像白玉石柱，
安在精金座上；

崇高如黎巴嫩山，
佳美如香柏樹。

他的口極其甘甜；
他全然可愛。
耶路撒冷的眾女子啊！
這是我的良人，

這是我的朋友。

……

「王女啊！

你的腳在鞋中何其美好！

「你的大腿圓潤，好像美玉，

是巧匠的手做成的。

「你的肚臍如圓杯，

不缺調和的酒；

「你的腰如一堆麥子，

周圍有百合花。

你的兩乳好像一對小鹿，

是母鹿的雙生。」

面對聖經裡這樣的經文，後期的猶太教士和教堂神父頗感尷尬，於是對他們的群眾解釋說《雅歌》乃是寓言——其實完全不是。那是人際關係的頌揚，一種性愛的人際關係。其中兩人面對面反覆地熱烈讚美，甚至欣喜若狂，讀者照理應該欣賞其過程，正如這對戀人建議的：

「我的朋友們，請盡情吃喝，
直到你被愛灌醉！」

有人猜想亞伯拉罕會如何解釋這首詩。撒拉難道不覺得「愛和死亡一樣的凶猛」和「大海也不能消滅情愛」這些說法，還有女性可以如此的自由——甚至大部分最大膽的話都是女方說的是很難了解的事？在這些詩句寫下來之前，歷史上有可能有任何婦女確實如此地訴說：「我的愛人是我的，我是他的」？整本聖經有無數的婚姻和性關係，但這兒是第一次有互動的關係——「面對面」的關係，很像以色列人和上帝面對面的那種神秘、戲劇性、強力及歡娛的關係。如果《雅歌》只是寓言，這情人之間的關係則將只是反映心靈（或以色列人）與上帝之關係的鏡子而已。但是《雅歌》出現在聖經裡、對以色列與神之間錯綜複雜的關係的長篇敘述之後，暗示了這人神關係，最後使得人與人之間的眞正關係成爲可能。

在《路得記》裡，發生在大衛之前好幾個世代，約伯之受難和書拉密之互相表態的主題，結合成了富人情味的細膩故事。學者們覺得不可能考證出此經文寫作的時期，有些人甚至認爲是在晚期的王朝時代，但是大部分認爲是在流亡時期之後。不論它到底和那段歷史眞實事件有關，是個長度均稱的短篇故事，只有四個章節那麼長。

我們遇到了來自伯利恆的婦女拿俄米，她在某個飢荒時期和丈夫及兩個兒子移民到摩押。摩押是位於約旦東面的國家，摩西就是從此處眺望那片允諾的樂土。拿俄米的丈夫死於摩押，她的兩個兒子和摩押的女子結婚。後來兩個兒子也死了，拿俄米因此決定和她的媳婦們一起回到糧食已經再度充裕的伯利恆。但是在途中，拿俄米再三考慮後勸告她們：「你們兩個都回去吧，回你們的娘家去。願 **YHWH** 對你們顯示祂誠信的愛，就如同你們對死去的丈夫和我所做的一樣。**YHWH** 答應，你們各自找個丈夫，快樂的過日子！」然後她就和她們吻別。

打從開始，讀者知道這是個新的故事。主角都是女性（甚至「你們的娘家」之措辭，也令人驚奇）；她們是被丟在艱苦環境中的婦女，不知道下一頓飯在哪兒。此外，我們在這兒看到了相親相愛的家庭。以上帝自己的話「誠信的愛」爲模型，在其間人們不玩弄權力對抗的遊戲，而是眞誠地互相關心——媳婦們對她們的丈夫，還有拿俄米對她的媳婦們，雖然她處在絕望的情況裡，她堅決地不要拖她的媳婦下水。途中，她深思她們很可能面臨的苦境，決定不要連累她們。

兩位媳婦都「大聲地哭」，抗議說她們想要跟著拿俄米——那完全只是她們對她的情感使然。拿俄米辛辣地說：「我還能生子作你們的丈夫嗎？……即或說：『我還有指望，今夜有丈夫可以生子。』你們願意等著他們長大嗎？」如同人質撒拉最後有了她自己的意見一樣，我們在這兒聽到了古代姐妹情極度眞實的聲音，最後給了她們說話的機會。

在更多的爭論之後，拿俄米勸服了一個媳婦回家。但是，另外一個——也就是路得——拒絕了。她說了後來很有名的話：

「你往那裡去，我也往那裡去；
你在那裡住宿，我也在那裡住宿；

你的同胞就是我的同胞，
你的上帝就是我的上帝。
你在那裡死，我也在那裡死；
除非死能使你我相離！不然，
願耶和華重重地降罰與我。」

「你和我」——和「我愛的人是我的，而我是他的。」很相像，但是這兒的情況是多麼的不同，是另外一個面對面互惠的例子。

在這兩位喪失親人的婦女抵達伯利恆之後，路得變成拾穗者，跟隨在伯利恆田地的收割者身後，尋找他們剩下的，拿來塡她和拿俄米的肚子。但是如她告訴拿俄米的，她已經留心是否有「某個男人看上我」。這個她遇到的男人是波阿斯，在富有和善良兩方面都是極其有希望的；這位有如珍・奧斯丁（Jane Austen）筆下女豪傑的路得，和拿俄米一起商議策略，拿俄米給了她一串辦法，以獲取波阿斯的心。一切順利，並且在這事件的過程中，波阿斯表現得敏銳、機智、又沒有被路得之聰明大膽嚇倒。

路得的故事既不是《雅歌》裡那種令人呼吸急促的浪漫，也不是《約伯記》裡那種令人胃腸絞痛的悲慘，但是它兼具痛苦與快樂，還有，在故事的背後，暗示了上帝在致力實現祂的目的。故事的結尾，在路得和波阿斯結婚，以及那令人疼愛的孩子俄備得出生之後，有很可愛的一幕：不可能再生孩子的拿俄米，「把孩子抱在懷中餵奶」。最後，借著她的話，作者告訴我們，這個被深愛的孩子是後來耶西的父親、大衛的祖父。這個故事暗示了，無論經歷多大的痛苦，都會有個快樂的結果——有時候遠超任何人類的理解範圍——還有，如同第一世紀有位獨特的猶太人寫的：「上帝與那些愛祂的、被找來照祂的目標去做的人合作，把他們的每樣事都變成美好的。」

路得和拿俄米的受難是有目的的，在故事的結尾，她們自己就快樂地了解到了。只有我們可以回顧以色列人晦澀的開始，以及他們逐漸改變，成為能看出最重要的事是看不見的那種人；只有我們這些看得出路得和拿俄米是這個轉變的必要成分的人，能徹底了解曾經瀕臨危險的是什麼。

接近紀元前第二個千禧年開端的某個時刻，有位名叫亞伯拉罕的人，被神秘的聲音召喚，告訴他，他將要去一個新的地方。他是個耳聰目明、狡猾的商人，而且是他那個時代典型的人，可是他做了些空前的事：他信賴那個神秘的聲音，將自己的整個生活顛倒過來，成爲一個新的人，有新的名字，擁有個人命運，這命運完全就是他的，是他個人的使命，而不是寫在星星上面的——在他之前，沒有人曾經想像這種可能性。但是這種命運也是家庭的、國家的，甚至（從某個尚需界定的神秘角度來說）是全球的，因爲亞伯拉罕是一個重要國家的祖先，這個國家有特別的命運，在眾多國家中扮演特別的角色。

亞伯拉罕的家族現稱爲以色列人，經過許許多多世紀，父傳子、母傳女，流傳著他們特別命運的故事。姑且不論人類經過時移事遷，很容易就把團體的認同感抹殺掉，我們發現這個家族——可能在亞伯拉罕之後大半個千禧年——在埃及變成被迫的勞工，建築法老的儲藏城市，但是仍然記得他們的祖先亞伯拉罕的那些久遠的故事，知道他曾經和他們的上帝邊走邊談。在他們之間似乎有了新領袖，也就是一位口齒笨拙的王子，他們聲稱他是可靠的。他告訴他們，祖先的那位上帝對他說話，指點他領導他們離開奴役的國度，回到曾經許諾給亞伯拉罕的土地。這位上帝曾經告訴摩西，祂的名字是YHWH，因此，對古代的人來說，這已經傳達了某些極其重要的訊息：祂是「我會在場」的眾神之神，一位值得信賴的神。

摩西和亞伯拉罕的信仰一樣：他相信那上帝的聲音，願意信奉。經過隨後多年的波折起伏——以色列人之逃亡流離，似乎永無止境——摩西仍然充滿著希望：對那允諾的希望、對未來的希望——未來將是嶄新的、充滿驚奇。在這個部族歷史的表面事件之下，新的觀念在發展：時間變成了眞實的；眞正的未來，是有可能的。也由於如此，個人所作的選擇是重要的：這選擇造成了截然不同的未來。而且，由於所有的結果都不是預定的，現在便充滿了冒險性，以及選擇的自由。這自由的選擇將會深刻地影響著結果。

這個重大的壓倒性改變，從亞伯拉罕和摩西的故事裡得到應證，第一次使歷史成爲人類理性的記載——未來實在是由我們現在怎麼做來決定的。這個改變是時間觀念的改變，也就是，一旦過去，就成了歷史。但是這種改變並不像是所有其他社會所想像的是輪子般的運轉；不是循環式的一轉再轉。就像每個命運，每一個運動都是特別的，都是不能重複的。它是個過程——它會移動，雖然沒有人能說會到哪兒。但是因爲還沒有到達終點，它還是充滿了希望——而且人可以自由地想像，它不只是過程，它還是進程。

但是，選擇有對有錯。爲了作正確的選擇，我必須請教上帝寫在我心中的律法。我必須傾聽祂的聲音。祂的聲音不只對那些偉大的領導者說話，也對我說話。我必須認眞的看待「我」。這樣，在很多的大災難之後，那些變成猶太人的人們，開始能夠從大衛的「我」，到個人靈魂的「我」，再到憐惜他人之「我」的我。

猶太人給了我們一個全新的詞彙，一整個靈魂的新聖殿，一種觀念和感覺的內在景色。這是前所未知的。經過許多世紀的創傷和折磨，他們演變成信仰唯一的上帝。這上帝是宇宙的創造者，祂的意旨是所有創造物的基礎，祂進入人類的歷史，以導入祂的目的。由於他們特殊的信仰——一神教——猶太人給了我們可以理解的偉大的整體、統合的宇宙。因爲這種世界觀明顯地優越超絕，全面壓倒了多神主義那種敵對的、矛盾的現象。他們給了我們西方世界的良心。這唯一的上帝不是外在現形的，而是那「安靜的、細小的聲音」，憐憫的上帝，「將會在那兒的」上帝，關心每一個祂的創造物的上帝，尤其是那些「依照祂的形象」創造的人類，還有那些祂堅持我們要照著祂做的事。

「以後，我要將我的靈
澆灌凡有血氣的。
你們的兒女要說預言；
你們的老年人要做異夢，
少年人要見異象。
甚至我要將我的靈
澆灌奴隸、男人和女人……」

甚至猶太人的觀念之逐漸全球化，在拾穗者路得的故事裡也給了暗示。約珥預先看出了這女人、摩押人、非猶太人、沒有階級的無名小卒，擅長於建立友誼。約珥是晚期的先知，他可能是在從巴比倫回來後才興起的：猶太人給了我們內在的和外在的——我們的人生觀和我們的內心世界，我們很難不以猶太的看法在早上起床，或過馬路。我們作猶太人的夢，懷抱著猶太人的希望。事實上，大多數我們最好的詞彙——新、冒險、驚奇、特殊、個體、人、職業（使命）、時間、歷史、未來、自由、進步、靈魂、信心、希望、正義——都是猶太人給我們的禮物。

---

❶以色列的十個部落（從北到南）是：但、拿弗他利、亞設、西布倫、以薩迦、約瑟（又分爲瑪拿西和以法蓮兩個支部）、迦得和流便（在外約旦），還有便雅憫（就是猶大北部邊界）——所有這些部族組成了以色列王國。傳承下來的部落是猶大和西緬。西緬建立南方的猶大王國。

❷欣嫩子山谷（Valley of Hinnom）就是福音書裡的Gehenna，是用來作爲地獄表徵的地方。

7

從彼時到此時——那仍然都是猶太人

已經不再可能令人相信，聖經裡的每一句話都來自上帝的啓發。基督教徒仍然這麼想，但是他們只能在逃避所有科學質詢場合的情況下，才能保持這種自欺欺人的想法。他們也必須緊緊地約束他們自己的意識。因爲，就算不去接觸現代對聖經的批評，對聖經拼湊的本質，其衝突的標準、判斷、完全地矛盾及不加掩飾的錯誤，任何讀者都可能產生疑問。即使不依賴現代科學方法論或注意到希伯來羊皮紙聖經是很不一致的，我們也必須否定聖經的某些部分，因爲那不是值得我們樂意信仰的上帝。在我們讀到如：《約書亞記》提到的，上帝命令以色列人把所有的迦南人殺死，甚至兒童也包括在內；還有在聖經《詩篇》裡，詩人們經常極力主張上帝要野蠻地毀滅所有詩人的敵人。雖然寫這些聖經的人相信他們是受到上帝的啓示，但是我們無法這樣認爲。

即使上帝是「寬容大量的」，祂也有可怕和偶爾霸道的一面（例如他之對待掃羅），就像許多美索不達米亞的君主一樣。我認爲我們不應該煩惱說上帝不是品質保證的賀卡。如果上帝是萬物的創造者，那麼祂一定是完全超出我們的理解力以外的——因此非常令人膽怯。此外，我個人還是願意對上帝在某些可疑的情況下、所做的可疑事例作善意的解釋——甚至對以撒幾乎被作爲犧牲的那怪異可笑的事件。祂發起了這個新宗教，但祂並不是一直都有最好的材料來完成祂的工作。

不過這還是眞的，不能把集體的、有報復心的大屠殺附會在值得我們信仰的上帝身上。我認爲，甚至我們當中最殘暴的信徒也會承認，這些屠殺行爲是那些誤以爲上帝支持他們的人做的。希伯來聖經裡的故事，是要告訴我們人類意識的發展，這意識是經過很多階段演變而來的，就像一切有生之物一樣，有時發展緩慢，有時卻迸發而出。

然而，我們可以相信這故事是建立在經驗之上，而這經驗之靈感來自經過很多個世紀的猶太意識之進化，此進化經由上帝的氣息賦予並保存了生命。猶太人認同感的故事歷經數千年、對抗不可思議的強敵，是文化傳承的獨特奇蹟。蘇美人、巴比倫人、亞述人，現在何處？雖然我們知道埃及和希臘仍存在這個世界上，但這些國家幾乎沒有承繼和他們同名的古代祖先之文化以及民族血統。然而，不論猶太教之留存是多麼的奇特，更奇妙的是猶太人發展的體驗現實的新方法。那是所有古代世界觀和所有古代宗教的唯一替代物。如果上帝眞的曾經插手人間事，那麼一定可以在這裡找到。

對聖經沒有一個適切的說法。那是一個「家庭」超過兩千年的記錄——大概距離我們現在二至四千年——聖經包藏著所有人類生活中的紊亂與矛盾。因此，可以運用多種不同的方法來解析這些包括在它的封面封底之內的零散資料。我們（包括一些女權主義評論家）可以說，我們看到的是原始父權制爲美化自身而捏造出來的荒唐男人故事。但是我們如果這樣說，我們就要略去後來的較有人性的資料，例如《路得記》；我們還得拒絕考慮聖經是記載意識進化和始於太古蘇美的世界觀之發展的紀實文件。我們可以說，聖經描述了一場原始的地球女神被新起的、有野心的男勇士取代的大變革，以及他們根據自己所作的天國的設想。但是，這種假說本身是個設想，是一種未經實質考古學記錄之確認的、女權主義者願望之實現。我們充分的證據強烈地指出，原始的上帝一直都在「天堂」——也就是說，祂是完全不同於人們所能想像的那個樣子——還有，因爲祂在現世生活中扮演著播種的角色，祂被想像爲男性。

我們可以勉強證明，就像坎伯（Joseph Campbell）說所有的宗教都是循環的、虛構的、非歷史的——就像猶太教徒所想像的他們自己一樣，宣稱他們的宗教是以歷史爲根據，而因此且是獨特的？但是這類爭論是倫理學者通常稱爲的「狡辯」，一種錯誤的邏輯：把假定當作求證之答案。正如我們已經理解的，所有的宗教都是循環的、虛構的、與歷史無關的——除了西方意識之來源的猶太基督教這一流派以外，所有的宗教都是如此。

我們可以把聖經當作一堆互不關連的雜文（像後現代主義者那樣）來讀，由放逐時期和後來的編輯者賦予虛構及膚淺的整體。但這不僅忽略了聖經裡大部分的故事引起讀者許多感情上以及心靈上的影響，甚至對不輕易被感動的讀者產生了影響，而且忽略了它帶給整個社會的累積的衝擊力。聖經裡最偉大的時刻——雷公似的「lekhlekha」（譯者按：希伯來語裡的斷然語，具有顯著的「直接」的意思。參見本書第二章）對亞伯拉罕說話、上帝名字的秘密被揭示給畏縮的摩西、在遠方岸邊的米利暗之歌、上帝的十句箴言、大衛的好牧人、以賽亞的聖山——都是難以漠視的單純的人類感情之表達，與我們個人生活的最深刻意義毫無關係。我們也難以想像，現代歷史中偉大的解放運動與聖經無關。沒有聖經，我們決不可能看到廢除黑奴制度運動、監獄改革運動、反戰運動、工人運動、公民權利運動、原住民和被迫放棄產業的人們爭取他們自身人權的運動、南非反種族隔離運動、波蘭的團結運動、遠東國家例如南韓、菲律賓還有中國的言論自由和前民主制度運動。這些現代的運動都運用了聖經裡的話語；而且，如果不去探索聖經，就不可能了解他們的偉大英雄和女豪傑們——例如塔布曼（Harriet Tubman）、土魯斯（Sojourner Truth）、瓊絲媽媽（Mother Jones）、聖雄甘地（Mahatma Gandhi）、金恩博士、查維茲（Cesar Chavez）、卡瑪拉（Helder Camara）、羅慕諾（Oscar Romero）、孟珠（Rigoberta Menchu）、阿奎諾夫人（Corazon Aquino）、曼德拉（Nelson Mandela）、杜圖（Desmond Tutu）、尼露（Charity Kaluki Ngilu）、吳宏達。

除了這些同樣以《出埃及記》爲藍圖的運動以外，還有其他的力量形成我們現在的世界，例如有資本主義、共產主義，還有民主主義。資本主義和共產主義都是聖經的私生子，因爲它們都是後續的信仰，以聖經信仰爲模範，要求他們的支持者，不管這個明天是否包括了較大的國內總產值或是工人的天堂，在他們的內心堅持對未來的信念，在他們的眼前保持著明天會更好的理想。這兩種意識形態都不可能在有輪迴意識的東方、印度教、佛教、道教或神道中產生。但是由於資本主義和共產主義都是沒有上帝的後續信仰，分別都是瘋狂的形式——沒有保障的幻想。相對的，民主主義直接從以色列人的個人觀、價值觀點發展而來，因爲他們是上帝的形象，每個人都有獨特的、個人的命運。沒有猶太教徒的介入，不可能有「所有的人類都被平等地創造是不證自明的」這個觀點。

如果可以把聖經當作僅僅是表面一致的大雜燴文章來讀，那麼也可以把它當作非常精彩的完整文學作品來看。這是邁爾斯（**Jack Miles**）在《神的傳記》（*God: A Biography*）一書中令人驚豔的路線，他把神看作是一個發展中的文學角色。從完全不同的角度來看，這也是聖經直譯主義者所定的方針：不論猶太教或基督教，把聖經看作是「生活指南」，告訴他們所需要知道的一切。對於我來說，最令人滿意的閱讀聖經的方式是將之看作是各種不同文件的總集，每個記錄顯示了同樣的啓示在不同階段的發展，然而最後又能夠帶我們到達進步的、個人的、對完全神秘的上帝之信仰。正如布伯美妙地指出：由於對上帝說

「你」，最後我可以說「我」；由於說「我—你」，其他的「你們」便成爲眞實。

我們不是猶太教歷史理所應得的接受者，在沒有這個悠久、極端、奇蹟性發展的倫理一神教的情況下，我們的平等主義和個人主義的思想就不大可能形成，而且一定不可能發展到那樣成熟。這是一個必要的發展。但是因爲無法證實上帝的存在，也就很難證明上帝曾對亞伯拉罕、摩西、以賽亞說話。每個讀者必須決定，是否上帝向教會主教以及預言者傳達的話語也是給讀者的。如果是的，那麼就像我們不會要一個我們所信任的人提出證明一樣，我們對此也不需要什麼證明了。前面的分析指出：人們相信上帝之存在，不是像相信廷布圖（Timbuktu）或者安朵美達（Andromeda）之存在一樣。信任上帝的，是像信任朋友——或者什麼也不相信。因此，從這角度來看，這整個事情就取決於對上帝的信仰，而每個讀者都必須自己衡量信或不信。

我們稱爲猶太教的信仰體系，是前進的世界觀、所有西方人同意的世界觀、現在許多（甚至可以說是所有）非西方社會所持有的世界觀之起源。這點是可以論證的，也是我希望我已經做到的。這個「前進的世界觀」，在歷史、文學、哲學、宗教及神學等文章裡經常提及，並且總是和與之相對的「循環的世界觀」相對照，但是很少加以解釋；除此之外，算是飽學人文或社會科學的學生，儘管不了解這些境界及其極端的影響，仍然可以通過全部課程而得到學位。

在循環的世界裡，既沒有開端也沒有結局。但對我們來說，時間是有開端的，無論這是《創世記》裡上帝所說的第一句話：「起初，神創造天地。」或是現代科學裡所講的大爆炸，沒有猶太教就不可能有這概念。時間有開端，那麼必然有結束。它會怎樣結束呢？在妥拉裡，我們知悉上帝在歷史裡朝著祂的目的去作，而且會影響結局。但是在預言書中，我們得知，我們的選擇也將會影響這個結局，亦即：我們內心如何對待我們的人類同胞，將會使我們面對的結局有極大的差別。

非信徒或許希望暫停一下，仔細思考上帝──公平、憐憫的猶太教上帝──如此徹底的把持了我們的價值觀；在沒有上帝的情況下，人們的努力很可能注定會有某些失敗。猶太教預言者清楚地說出了人類最任意的幻想。在以賽亞的觀點中，忠實的信仰不再局限在某個國度裡，而是「全人類」湧向耶和華的領域，「祂或許指點我們祂的道路」，我們或許能學習「化（我們的）干戈爲玉帛」。所有擁有這個夢想──全人類情同手足、世界和平公正──的人們、所有能夢見預言者之夢、看見預言者之預言的人們，必須深思沒有上帝就沒有公正這個說法之可能性。

然而，聲稱相信上帝的那些人，必須仔細思考的角度並不比較穩定。雖然整個西方世界之排列組合都源自猶太教這個矩陣，但窮苦人們的哭聲仍然常常被忽略。預言家對以色列人和猶太人滔滔不絕地講述著無權勢的、邊緣的人、被忽略的寡婦、孤兒，以及「在我們當中的寄居者」，也就是當今仍和我們共存在這繁華的社會裡、孤魂野鬼似的單身母親、飢餓的兒童，以及無依無靠的移民。整個世界有半數的兒童每個夜晚都在飢餓中入睡，七分之一的上帝子女遭逢著飢餓。面對著如此的數據，信徒們絕不應該忘記杜斯妥也夫斯基的主張：受難的兒童是反駁上帝之存在的最好的證據；我們必須深思那可怕的 **YHWH** 之日：我們的財富和安全之毀滅即將到來，徹底破壞我們的信仰堡壘，夷平聖堂，然後 **YHWH** 消失。

因爲，沒有正義就沒有上帝。

附錄一：註解與資料來源

如同我在本系列的第一本書（*How the Irish Saved Civilization*）所說的一樣，我並不是想在這裡提供我參考的所有文件的完整書目，而是一些我認為值得一提的（若要將我在過去半個世紀裡參考的大量聖經和新約研讀書目列入，會使本書的頁數增添太多）。*The Anchor Bible Dictionary*（New York, 1992），是探索所有有關聖經書籍的最佳研究工具，雖我沒有負責編寫內容，但身為此書的出版者我感到很快樂。這套書一共有六大冊，包括了任何能想像得到的題旨，因而成為當代聖經學的點金石，任何你不知道的都可以在這套書裡學到，書中的每個主要項目都帶領讀者遊覽所有特定主題的現代學術研究，同時也對許多引起頭痛的學術爭議作了指點，更重要的是，這套書構成了完整的書目。

但是我不能太強力推薦 *The Anchor Bible Dictionary*。對非專家而言，此書提供的資訊通常遠超所需，偶爾又具有莫測高深的學術氣息。慶幸的是，另有一個非常好的選擇：

The Oxford Companion to the Bible，這本書就像同系列所有其他的書一樣，提供給一般讀者適合的知識，不多不少。*The Jerome Biblical Commentary* 是一群美國天主教學者的作品，也備受重視。給非專家的其他絕佳的資訊來源還有舊版的 *Bible Review* 和 *Biblical Archaeology Review*。這兩部出版品都是傳奇人物 Hershel Shanks 編輯的，他那令人怯步的服務是：鼓勵有聲望的學者們以通俗的筆調寫作。

前言

現代對所有非聖經宗教之輪迴觀點的解釋，當以伊里亞德的 *The Myth of the Eternal Return*（Princeton, 1954；一九六五年修正第二版）爲最。但是在整個伊里亞德數量極多的作品裡，讀者可以從其他不同的角度來看他的理論。James Barr 的 *Biblical Words for Time*（Naperville, Illinois, 1962）和 Bertil Albrektson 的 *History and the Gods* (Lund, Sweden, 1967）這兩部經典之作採取了略爲不同的方向。Henri-Charles Puech 的引文出自他那氣勢恢宏的 *Man and Time*（New York and London, 1957）。

1 月光下的神殿

如同每當重大的歷史事件發生的時刻一樣，我發現有需要參考麥克尼爾（William McNeil）的《西方的興起》（*The Rise of the West: A History of the Human Community*, Chicago, 1963）。雖然我認爲 Samuel Noah Kramer 的 *The Sumerians*（Chicago, 1963）更有助益，但將蘇美文化以學術水準大眾化的，卻是他的 *History Begins at Sumer*（New York, 1956）；除了有關吉爾伽美什的資料之外，本章所有翻譯都源自他的這本書。至於有關吉爾伽美什的資料，從 Stephanie Dalley 令人景仰的作品 *Myths from Mesopotamia*（Oxford, 1989），我得到了最新最準確的翻譯，她的翻譯我只在一處作了些微修改：由於恩奇度面對娼妓，我將「因爲恩奇度已經剝光了（?）」改爲「恩奇度變得光滑了」——也就是除去體毛。我相信這會使恩奇度的這個轉變比較清楚些，也使之與某個野人或婦人因爲經歷了性關係而有了大轉變這種類似的古老故事更接近些（例如，和愛爾蘭的古老故事「偉業魔棒」〔The Wand of the Feat〕相比）。有關蘇美神祇的阿卡德語名字，可以參考 N. K. Sandars 的 *The Epic of Gilgamesh*（London, 1972）第二十三至二十九頁，是這首史詩極吸引人的散文體翻譯，雖然比現存的石版原文有較多的連貫性。

對那些想要進一步探討酒神節的讀者來說，如同我在那段文字裡所暗示的，我承認那現場部分是我自己的想像。由於我不願意無緣無故地被指控爲男性沙文主義者，我不選擇女性而選擇了男性的受害者。然而，一位先睹爲快的讀者卻指責我是「青少年性慾妄想症」；另外一個加諸於我的罪名是「同性戀狂」。因爲這些批評我的人都是朋友，連他們都會這麼說了，天知道評論家們會怎麼說呢。我們知道蘇美人僱用雙性的廟宇娼妓，我們也知道他們執行酒神節時，包括了男女祭司和國君，以便爲他們自己和他們的土地引獲那神聖的孕育力之恩賜——我們知道這些儀式是在具有輪迴觀點的宗教環境裡執行的。但是我們沒有有關這類活動的祈禱文文獻或禮儀的程序。

然而，我的描述也不是完全根據想像的，而是依據我很久以前在克立（Kerry）參加的一個名爲精靈博覽會（Puck Fair）的活動，任何經歷過的人，一定會同意那是生動活潑的史前生殖慶典遺跡。就是這個經驗，使我體會到了輪迴之世界觀的本質（此前我閱讀過伊里亞德的作品），以及我們從異教徒先輩到現在有了多少發展；還有，我希望本章能達成的目標是帶給讀者震撼，使他們了解我們可以從當代任何經驗裡體會到和我們大異其趣的古代文化。我想讓讀者驚訝的不是性，而是過程中那種個人抽象的本質。要得到較多的蘇美人的性觀點，可以參見 Jean Botteró 的 *Mesopotamia: Writing, Reasoning, and the Gods*

（Chicago, 1992）。

至於將拜月儀式置之一般環境裡，我的主要資料來源是伊里亞德，尤其是他的 *Patterns in Comparative Religion*（London, 1958; Lincoln, Nebraska, 1996）。伊里亞德的 *A History of Religious Ideas*（3 vols., Chicago, 1978），以及 Ninian Smart 的作品尤其是這本 *The World's Religions*（Cambridge, 1989），也同樣很有助益。

2　黑暗中的旅程

我明顯地傾向於同意亞伯拉罕的蘇美根源，我相信這樣的簡化並無害處。有些學者懷疑聖經裡有關烏爾資料之正確性，並且情願相信亞伯拉罕發軔自閃族的哈蘭，其含義爲「帳篷城市」，是商旅篷車類的中心。依我看，對亞伯拉罕之蘇美前輩（以及他身處的迦南環境）描述最持平的，當屬極具權威的 *Yahweh and the Gods of Canaan*（London, 1968; Winona Lake, Indiana, 1994），作者 William Foxwell Albright 是當代美國聖經研究的重要人物。雖然整個《創世記》裡多重的蘇美思想和語言之軌跡，我寧願他想像亞伯拉罕源自蘇美。我的理論絕不依亞伯拉罕曾爲蘇美人（或更準確地說，蘇美祖先的美索不達米亞都市人）而定。如果他是住帳篷的游牧者，或甚至是迦南人（正如有的人所堅持的），我仍然會持有同樣的論點——聖經中自《創世記》以來呈現給我們有關體驗現實的新的思考法。我不是使用蘇美宗教來解釋亞伯拉罕，而是因爲那是我們所能見到的記錄裡最早的宗教。經由審視這最早的宗教，並和考古「記錄」以及較後期的所有其他古代宗教之文字記載相比較，我們可以看出，他們彼此之間是多麼地相似——還有，以色列的宗教和所有其他宗教的表現是多麼不同。無論我們如何詮釋聖經理論的發展，這個看法都是正確的。如果我們願意，我們可以想像亞伯拉罕是個迦南多神主義者，他們的信仰被後代美化了；我們甚至可以想像他從未存在過。以色列宗教基本的發展路線在古代世界的思想系統裡是獨特的，而且造成了西方世界獨特的價值系統。沒有任何假說可以改變這個事實（就算 Jon Levenson 在 *The Death and Resurrection of the Beloved Son*〔New Haven, 1993〕這本書裡，將捆綁以撒獻神的事件歸於迦南之以眞人爲犧牲的歷史那麼激進的論點亦然）。

至於這個以色列化的轉變究竟在什麼時候發生，由於妥拉和聖經史書（例如《約書亞記》、《撒母耳記》和《列王紀》）是後來才重新編寫的，沒有人可以十分肯定地說是否在亞伯拉罕、摩西、大衛或其他人物的時代。在我書中第一章裡，絕大部分採用《創世記》的父系祖先故事的表象，因爲這是解釋我的理論最明瞭的方法。那些想要進一步研究《創世記》的人應該記住，龐大有關這些父系祖先之背景的理論及爭議與日俱增。在所有這些資料當中，我引用了 E. A. Speiser 的 Anchor Bible 之《創世記》卷，它仍然是最有用的、普遍的註解。我也覺得 Jewish Publications Society 妥拉系列（Philadelphia, 1989）裡那鴻薩拉的註解，還有福斯在他偉大的翻譯作品 *The Five Books of Moses*（New York, 1995）裡活潑有見識的註釋，也頗爲有用。此外，我在第二、第三和第四章全面性地引用他的翻譯，只作了些許修改：在直接引用的話語上加上引號、在遇到矮樹叢燃燒事件之前的段落裡，將「上帝」改爲「YHWH」，上帝在這事件中第一次揭示祂的名號。大部分的註解者認爲，在早期的事件裡使用 YHWH 這個名稱是在神學揭密較進步之後附加上去的。我認爲在討論上帝的名號之前，沒有必要混淆讀者的視聽。

確實，整本書裡，我將複雜的問題簡化了，以便使我的論據顯得比較清楚。舉例來說，我知道有人認爲「世界第一位皇帝」不是漢摩拉比，而是他的前輩阿卡德的撒珥根（Sargon）。我也知道，蘇美人的世界觀比我所討論的具有較多的眞實道德成分。特別是慈善的舉動並沒有完全被蔑視：如同《利未記》（十九章九至十節）裡的猶太人，勸告蘇美人在收穫的時候不要將土地剝個精光，而應留下麥穗給拾穗者——沒有其他維生之道的孤兒寡婦們（還有，保護不幸的人和審判人的是同一位女神）。需要強調的是，雖然我沒有指名道姓、直接了當地提到，如齊克果（Kierkegaard）和佛洛伊德（Freud）等當代人士對《創世記》重要的詮釋，並不表示我忽視了他們的貢獻。我只是希望盡可能以簡單明瞭的方式突顯主題，也就是基督文化之發展。

埃及資料的引文來自最早的埃及文獻：由 Ptahhotpe（紀元前二十四世紀）和一位法老（約紀元前二千年）所作。這位法令的名字已經亡佚，但是他的兒子及繼承人 Merikare 所作的 *The Teaching for Merikare* 裡，保存了他的王權論。這些可以在 William Kelly Simpson 的 *The Literature of Ancient Egypt*（New Haven, 1973）裡找到。有關馬雅和之前的曆法的較詳細討論，可參見 Mary Miller 和 Karl Taube 的 *An Illustrated Dictionary of the Gods and Symbols of Ancient Mexico and the Maya*（London and New York, 1993）；有興趣於哥倫比亞前中美洲社會的輪迴成分的，可以參見 Dennis Tedlock 翻譯的 *Popol Vuh: The Mayan Book of the Dawn of Life*（New York, 1996）。

有關「個體性是一神教的另一面」之主張，來自我與猶太法學專家維索斯基（Burton Visotzky）在美國猶太神學研討會的討論。他即使在平常談話，也充滿引人入勝的見解，像是散布著水仙花的春天花園。

3 埃及

如果有人花費數年的時間有益地閱讀《創世記》的註解，他可能至少要花費一輩子的時間研讀《出埃及記》。那些致力於此的人應記住，就算那些最重要的論點我也不試圖在此作摘要，這類討論需要一整班的聖經學學生來審視本書。我只想尋出貫穿希伯來聖經，產生我們的理性的思想和情感的發展軌跡。例如，我因此將《出埃及記》裡呼應《創世記》中最初的創造，以及洪水過後的「第二次創造」整個刪去。事實上，從埃及和混亂的水中拯救出的以色列，是上帝的「第三次創造」。然而，類似的見解充滿了古代和現在的註解，只會分散我們對探討主題的注意力。同樣地，我幾乎沒有提到所謂的一神信仰由阿克納頓開始的改革，因爲我很懷疑它有沒有帶給摩西的一神信仰任何影響——但是，如果涉獵於此，確實會使我們離題甚遠。

我認爲《出埃及記》的三個註釋特別有用：Brevard W. Childs 的 *The Book of Exodus: A Critical, Theological Commentary*（Philadelphia, 1974）；那鴻薩拉的 *Exploring Exodus: The Heritage of Biblical Israel*（New York, 1986）；Umberto Cassuto 的 *A Commentary on the Book of Exodus*（Jerusalem, 1967），我採用此書對拉米

西斯之名號（絕對肯定）的詮釋。至於古代城邦的哲學基礎，Giorgio Buccellati 的 *Cities and Nations of Ancient Syria*（Rome, 1967）闡明清晰。

我從欽定本引用那三句米利暗的歌詞，但是我將其中「thrown」一詞改爲「flung」。我認爲後者比較接近希伯來原文。因爲這首歌是以希伯來的形式寫下的，它的古體風格在其他的文字裡顯得很突出。我覺得欽定本傳達了比較多的原味。

4 西奈

本章的資料來源絕大部分和上一章相同，葉忒羅的商業顧問特色得之於 Patricia S. Klein 之建議。

要準確一一指出構成猶太宗教視野之成熟發展的每個見解何時初次出現在以色列人的心目中，是不可能做到的，因爲每個見解常常都是經過好幾個世代慢慢發展而成。當今在美國最高法庭爭議的觀念——依據民主和公民權這種龐大思想的觀念——可以追溯至十七世紀的思想家們（並且更加經由基督中世紀追溯到希伯來聖經本身）。但就算是在時間上距離我們很近的歷史裡，要指出到底什麼時候某些新的思想首度出現也可能有困難。因此

——直接了當地——聲稱一神教和個人命運由亞伯拉罕開始，或摩西是引起新的時間觀念和道德行爲的原因，超過了我想做的確認工作。如同我先前所說的，我引用聖經裡的故事，只是想澄清那形成我們世界觀的理性和情感之發展路線。

有關字母之發明，我推薦 How the Alphabet Democratized Civilization（*Bible Review*, December 1992）一文，這是 Hershel Shanks 訪談 Frank Moore Cross 的一篇文章，闡述得最徹底。

5 迦南

對以色列之發源的詮釋，從定居迦南到早期王室，我覺得 John Bright 的 *A History of Israel*（第三版，Philadelphia, 1981）特別有價值，是英文歷史書當中最可信賴的一本。還有 Norman K. Gottwald 的 *The Hebrew Bible: A Socio-Literary Introduction*（1985），採用文獻研究和社會科學這些逐漸進入聖經學、並且取代社會批評那種比較老式的方法，是極佳的方法及見解之路線圖。關於這點，我必須指出，這種較新的研究方法對以色列的宗教是否被迦南的宗教腐化了（具有像《撒母耳記》和《列王紀》所表達的同樣觀點）、或者純一神教是否爲遠在摩西時代之後某位受過教育的精英分子製造的這些觀點提出疑問。再聲明一次，我並不想在此解決這類問題，我採用聖經的字面意思，並不是因爲我不知道或不同意當代學術的發展，而只是因爲這些較新的詮釋和我們要分辨猶太宗教那些形成西方世界特殊的價值標準沒有太大的關係，因此不需要費太多的心思。當前學術界認爲，《撒母耳記》之所以對掃羅王朝沒有好話，部分原因是：大衛之登基爲王顯然可疑，需要使之合理。基於前述的同樣原因，我並沒有處理這點。

在這一章和其後的篇章裡，散文的段落我主要採用《新耶路撒冷聖經》（*New Jerusalem Bible*）（London and New York, 1985）的譯文。因爲這譯本偶爾採用希臘文的舊約聖經版本和其他希臘手稿，使得這希伯來文標準本（亦即馬所拉抄本〔Masoretic〕）更加清楚。這將不可能迎合每個人，但是我認爲這是當今所有的全譯本裡最明瞭的，而且在應當莊嚴高貴的地方，它是最莊嚴高貴的。我把《新耶路撒冷聖經》裡的「Yahweh」都換成「YHWH」，使之與本書前面的幾個章節所採用的福斯的譯文一致。在此情況下，我更改了《新耶路撒冷聖經》的文句，將《撒母耳記》下篇六章十九節之怪異的讀法「a portion of dates」換爲（我認爲比較可能的）「a portion of meat」。

爲了捕捉浪漫文句的力量，本章和下一章的絕大部分，我採用詹姆士王欽定本，因爲它仍然是所有英文譯本之中最美的；但是我把這種文句安排成詩的形式。欽定本並沒有這樣做。爲了使本書前後一致，我也把欽定本裡的「主」換成希伯來原文的「YHWH」。此外，我讓「主」留在最著名的文句裡，例如《詩篇》二十三章，我認爲任何更改都會使一般讀者覺得奇怪。雖然我們可以確信大衛之哀悼掃羅及約拿單是可靠的，我歸類爲大衛的其他的詩歌就沒有那麼肯定了。傳統上認爲《詩篇》一三二章是敘述方舟的轉變，我卻採用了《詩篇》四十七章。拿單告訴大衛有關窮人和母羔羊的故事，我採用了《新耶路撒冷聖經》詩樣的文句（《撒母耳記》下十二章一—四節）。

6 巴比倫

我相信《列王紀》是諷刺所羅門和羅波安的，因此作了如是的詮釋。但是我找不到羅波安回答北方貴族的適當的譯文，於是在猶太法學家的協助下，我自己作了翻譯。

那些對希伯來文之所以成爲希伯來文這個題目感到興趣的人，我推薦兩本書：Peter T. Daniels 和 William Bright 的 *The World's Writing Systems*（Oxford, 1996）和 Angel Saenz-Badillos 的 *A History of the Hebrew Language*（Cambridge, 1993）。

雖然我還沒有在書中提出來，以利亞在西奈山洞裡聽到「安靜細小的聲音」，應該是和《出埃及記》三十三章二十一至二十二節裡摩西接觸到重要的神靈的山洞一樣——是聖經故事之延續性和發展性的例證。

最近的學術對阿摩司出身的卑微狀況提出質疑，但是我相信這位預言家的話。有關他的預言之文句，我採用《新耶路撒冷聖經》，如同我對何西阿的談話和以賽亞有關葡萄園預言的作法一樣。此後，對以賽亞和彌迦的預言，我都使用欽定本的譯文，以「YHWH」取代「主」，除非在眾人熟悉的文句裡。至於耶利米，由於其正確性，我採用了《新耶路撒冷聖經》。

至於聖經《雅歌》，我採用 Ariel 和 Chana Bloch（New York, 1995）精彩的新譯文，此譯文成功地流露出很多原文詩樣的和自在的氣質。

聖經學有很多有趣的問題，我沒有在本書裡處理，尤其是聖經有關迦南以人爲犧牲的敘述有多少正確性的這個問題。我們在迦南文獻裡看不到這樣的記錄。我相信幾乎所有聖經的記載，因爲我在其他的古代社會也看到類似的情況（例如居爾特〔Celt〕和馬雅），我們知道他們有以人作爲犧牲品的習俗，而在他們的口傳歷史和文字記載裡都保持類似的沈默。我認爲最有可能的是，由於某種深奧的人類心理，以人作犧牲是必要的，但也是不可說的。然而，不論迦南人是否的確有此儀式，或此儀式之執行有多頻繁，我的整個論點是確定無虞的，甚或我們把聖經的敘述當作一種譬喻來看。

那「第一世紀的怪異猶太人」是大數的掃羅（或稱保羅）（《羅馬書》八章二十八節）。我知道在此引證一位被認爲是棄猶太教而就基督教的人物（至少在一般人看法裡），很可能看起來有挑釁的意味；但是我並不是爲了求勝利而這麼做，也不是要支持舊有的、（對我而言）痛苦的、令人愧窘的取代論點（認爲基督教多少是「接替」猶太教的這論點，在大多數的基督教神學圈裡已經加以駁斥）。我引用保羅是因爲我在猶太傳統裡找不出比他的作品更能如此簡潔表達我在此處應該表達的論點。

引用《約珥書》的文句時，第一行我採用了欽定本，其他的則採用《新耶路撒冷聖經》。圈內圈外的這種觀點，很多人（例如 Charles Taylor 的 *Sources of the Self*〔Cambridge, Mass.: 1989〕）認爲來自希波的奧古斯丁，也確實是應該將之看成奧古斯丁意識到的見解；但是這並不否定在《詩篇》裡是將之表現爲特殊現象的。

7 從彼時到此時

坎伯對猶太教的態度可以在他的作品隨處看到，例如《神話》（*The Power of Myth*, New York, 1988）。邁爾斯在《神的傳記》（New York, 1995）裡的基本論點：聖經裡推展的良心是上帝自己的，我相信是由榮格（C. G. Jung）在 *Answer to Job*（Princeton, 1972）裡首度提出的。

在最後這章，我深入探討了個人主義的現代哲學（以及經驗）和古代宗教信仰之間的關連。布伯的《我與你》（*I and Thou*）和馬賽爾（Gabriel Marcel）的 *The Mystery of Being* 兩部經典之作，包含了對此關連之出色的探索。這兩本書各再版多次，並有許多翻譯本。第三位作者 Walter J. Ong 對此關連也頗有見地，尤其是他的 *The Presence of the Word*（New York, 1967）和 *The Barbarian Within*（New York, 1962）兩本作品，我要特別提醒讀者注意 *The Barbarian Within* 的〈聲音召喚信仰：文獻、信心和自我分化〉（Voice as Summons for Belief: Literature, Faith, and the Divided Self）一章。關於這點，我不能不引用科學家神父德日進（Pierre Teilhard de Chardin）一句簡要的話：「出現絕不會是沈默的。」此句是在他死後從他的筆記堆裡發現的。

附錄二：希伯來聖經

希伯來聖經分成三個部分：妥拉、先知書（Neviim）、著作（Ketuvim），它們的第一個字母組合成的縮寫 Tanak，是猶太傳統裡聖經的名稱。列在這裡的是一般公認的希伯來聖經的正本，或說是正式的書單。雖然它可能和紀元前最後一個世紀的聖經所包括的篇章基本上一致，但實是巴勒斯坦猶太人在最初的幾個世紀裡確定的。除此之外，還有一些其他的篇章，一般（猶太人和新教徒）稱為次經（Apocryphal），或（天主教徒和大部分的東正教徒）稱為外典（deuterocanonical）的。這些篇章處在教義的邊緣，有時候被包括在內，有時候又被否定。那些比較不重要的篇章，我們再也沒有（完整的）希伯來版本了。它們之出現在有些聖經裡，可以追溯到紀元前最後一個世紀流亡外地的猶太人寫的希伯來舊約聖經之希臘譯文的手稿。

【妥拉或教義】（有時候翻譯爲律法，也稱爲摩西五書）

希伯來文	英譯	中譯
Bereshit	Genesis	創世記
Shemot	Exodus	出埃及記
Vayyiqra	Leviticus	利未記
Bemidbar	Numbers	民數記
Devarim	Deuteronomy	申命記

妥拉的故事大部分在頭兩個篇章裡：《創世記》包括了從上帝創造宇宙，經由亞伯拉罕到約瑟死於埃及這段期間；《出埃及記》涵蓋了以色列子孫被埃及人奴役、在摩西領導下逃離埃及、西奈山上會見上帝的這個時期。《出埃及記》以一份宗教儀式目錄作結。《利未記》包括利未族傳道的儀式。《民數記》以沙漠部落的戶口調查爲開端，並因此得其名；雖然其間三三五五地點綴了附帶的宗教儀式，《民數記》接著敘述以色列人在西奈漂

泊的日子，並以以色列人首度在外約旦安頓下來作結。《申命記》透過摩西的長篇論談，傳達了社會禮法和宗教律法，並且以摩西之死亡結束。

【先知書】

早期先知書

希伯來文	英譯	中譯
Yehoshua	Joshua	約書亞記
Shofetim	Judges	士師記
Shemuel	Samuel	撒母耳記
Melakhim	Kings	列王紀

這個次序顯示了一系列以色列的故事：從定居迦南到猶太的衰落，以及巴比倫人之流亡。雖然在敘述的過程當中提到了像撒母耳這樣的預言家，這些書篇是歷史，而不是（我們一般認爲的）「預言的」作品。這些篇章以預言家爲名，因爲從摩西和約書亞開始，所有

重要的以色列人物都被後來的命名者看作預言家。在大多數的英文聖經裡，《撒母耳記》和《列王紀》分成了《撒母耳記》上和《撒母耳記》下、《列王紀》上和《列王紀》下。

後期先知書

希伯來文	**英譯**	**中譯**
Yeshayahu	Isaiah	以賽亞書
Yirmeyahu	Jeremiah	耶利米書
Yehezqel	Ezekiel	以西結書

十二書（因爲這些篇章比較簡短，又稱小預言書）

希伯來文	**英譯**	**中譯**
Hoshea	Hosea	何西阿書
Yoel	Joel	約珥書
Amos	Amos	阿摩司書
Ovadya	Obadiah	俄巴底亞書
Yona	Jonah	約拿書

Mikha	Micah	彌迦書
Nahum	Nahum	那鴻書
Havaqquq	Habakkuk	哈巴谷書
Tzefanya	Zephaniah	西番雅書
Haggay	Haggai	哈該書
Zekharya	Zechariah	撒迦利亞書
Malakhi	Malachi	瑪拉基書

後期的預言書，包括了所有從以賽亞到瑪拉基這些真實的預言家。最後的十二書通常合併成一卷。

【著作】

希伯來文	**英譯**	**中譯**
Tehillim	Psalms	詩篇

Mishle	Proverbs	箴言
Iyyov	Job	約伯記
Shir Hashirim	Song of Songs	雅歌
Rut	Ruth	路得記
Ekha	Lamentations	耶米利哀歌
Qohelet	Ecclesiastes	傳道書
Ester	Esther	以斯帖記
Daniyyel	Daniel	但以理書
Ezra-Nehemya	Ezra-Nehemiah	尼希米記
Divre Hayyamim	Chronicles	歷代志

妥拉毫無疑問地是猶太傳統的經典。雖然那屢屢重複的句子「妥拉（或稱律法）和預言書」，提醒了我們，這兩部分的聖經被認爲實際上是不能分開的。但是希伯來聖經的第三部分比較不受重視。它由不同的文章組成，除了「著作」之外，不容易加以分類，在這文集裡，《詩篇》原居於最高地位。從《雅歌》到《以斯帖記》這五篇短書被稱爲五卷書，

是猶太會堂在節日裡朗讀的。《歷代志》（在英文聖經裡，通常分成《歷代志》上和《歷代志》下）是猶太救世歷史的摘要，甚至逐字引用《撒母耳記》和《列王紀》裡的段落。它從亞當開始，結尾敘述巴比倫猶太人回到允諾的土地，使得希伯來聖經得以預言家之預見、提供晚近時期受迫害的猶太人慰藉作結。

由於十二小書被認爲是一卷（或一書），希伯來聖經包括了二十四書，強調了猶太傳統裡具有完全或完成之含義的數目十二及其倍數的重要性。除了這二十四書以外，次經或外典諸書，包括在希臘舊約聖經之內，被認爲是天主教以及許多基督正教的聖經。這些是：《猶滴傳》（*Judith*）、《多比傳》（*Tobit*）、《馬加比書》（*Maccabees*）、《智慧書》（*Wisdom*）、《便西拉智訓》（*Sira* 或 *Ecclesiasticus*）、《巴錄書》（*Baruch*）（耶利米的書記），還有希臘人增加的《但以理書》，也就是《但以理書》三章二十四至九十節和第十三章（蘇撒拿的故事），以及第十四章（彼勒和龍）。此外，以下諸書被許多基督正教承認爲聖典：《以斯拉記》（*1 Esdras* 在希臘舊約聖經裡《尼希米記》被稱爲 *2 Esdras*）、三和四《馬加比書》、《所羅門詩篇》，有時候還有其他一些小書和增加的部分。基督教聖經和希伯來聖經的次序不同。

附錄三：年表

這不是完整的年表，只是書中提到的歷史事件相關的日期和年代之參考指引。除了黑體印刷的以外，其餘都是大概的日期。和亞伯拉罕及摩西有關的日期很有商榷餘地。

西元前

三二〇〇 閃族人發明文字。

一八五〇 《吉爾伽美什史詩》寫下。亞伯拉罕前往迦南。

一七五〇 頒布漢摩拉比法典。

一七二〇—一五五二 閃族西克索人統治埃及。

一七〇〇 以色列子孫抵達埃及。

一三七七—一三五八 阿克納頓統治埃及，強迫執行只能信奉太陽神阿頓。

一三四七—一三三八　圖坦卡曼統治埃及。

一三〇四—一二九〇　賽提一世統治埃及。他可能即是那位「不知道約瑟」並且奴役以色列子孫的法老。

一二九〇—一二二四　拉米西斯二世統治埃及。他可能是《出埃及記》裡的那位法老。

一二五〇　以色列人在摩西領導下逃離埃及，以及西奈山的遭遇。

一二三〇—一二〇〇　約書亞和以色列人入侵迦南地。

一二〇〇—一〇二五　《士師記》及迦南地以色列部落聯盟時期。

一〇三〇—一〇一〇　掃羅統治以色列聯盟。

一〇一〇—九七〇　大衛統治以色列聯合王國。

一〇〇〇　大衛取得耶路撒冷，定爲首都。

九七〇—九三一　所羅門統治以色列。後來被收入妥拉的那些故事開始被收集。

九六六　所羅門在耶路撒冷建造神殿。

九三一　以色列聯合王國分裂爲以色列和猶大。

八七四—八五三　亞哈和耶洗別統治以色列。以利亞預言。

七五〇　阿摩司開始預言。隨後不久由何西阿預言。

七四〇　以賽亞在神殿接受職位。他開始預言。隨後不久，由彌迦預言。

七二二或七二一　以色列遭受亞述國王撒珥根二世蹂躪，居民被驅逐出境：北方十個部落散失。

七一六—六八七　猶大的最後明君之一希西家在位。

六八七—六四二　瑪拿西統治猶大，在神殿建立異教祭祀儀式，並且（根據比較後來的傳統）將以賽亞處死。

六四〇—六〇九　猶大的最後一位明君、統治者約書亞，嘗試作宗教改革，並贊助主要的歷史文獻，《申命記》、《約書亞記》、《士師記》、《撒母耳記》和《列王紀》之出版。

六〇五　耶利米預言猶太人七十年的流亡。

五九七（三月十六日） 尼布甲尼撒取得耶路撒冷，並開始遣送猶太人到巴比倫。

五八七或五八六（七月—八月） 尼布甲尼撒鏟平聖殿及耶路撒冷城；不斷的遣送，繼續了五年多。

五三九 波斯國王居魯士進入巴比倫，並且將奪來放在巴比倫的神聖物件歸還原屬的城市。

五三八 宣布居魯士詔書，允許流亡者回到許諾的土地。

五三七（春季） 造好第二座神廟的基礎。

五二〇—五一五 第二座神廟落成。

四五〇 可能是寫作《約伯書》、《雅歌》、《路得記》和許多《詩篇》裡詩歌的時期。

地　址／台北市南京東路四段50號11樓之1
電　話／（02）2570-3939
傳　真／（02）2570-3636
郵撥帳號／19423061　究竟出版社股份有限公司

歷史

書籍編號	書名	作者	譯者	定價
T0100001	世界之道	大衛・弗羅姆金	王瓊淑	300元
T0100002	永恒的山丘	湯瑪斯・高希爾	曾曉鶯	360元
T0100003	西方人文主義傳統	亞倫・布洛克	董樂山	330元
T0100004	身體的語言	栗山茂久	陳信宏	350元
T0100005	豆蔻的故事	吉爾斯・彌爾頓	王國璋	400元
T0100006	地球儀上的指痕	尚保羅・高夫曼	林徵玲	340元
T0100007	真實、真相、真理	費南德茲—亞美斯托	蕭郁雯	280元
T0100008	猶太人的禮物	湯瑪斯・高希爾	曾曉鶯	320元

哲學

書籍編號	書名	作者	譯者	定價
T0200001	激情尼采	蕾絲莉・張伯倫	李文瑞等	290元
T0200002	誘惑者日記	齊克果	余靈靈	230元
T0200003	哲學家的食譜	理查・華生	馬勵	200元
T0200004	聰明人的哲學指南	羅傑・史庫頓	曾蕙蘭	200元
T0200005	馬克思安魂曲	法蘭克・麥紐爾	蔡淑雯	330元
T0200006	愛	奧特加・加塞特	王貴梅	200元
T0200007	哲學家的咖啡館	諾拉、維多里歐	許舜閔	300元
T0200008	哲學的慰藉	亞倫・狄波頓	林郁馨、蔡淑雯	300元

宗教

書籍編號	書名	作者	譯者	定價
T0300001	神的使者	維瑟爾	陳奭璁	230元
T0300002	托爾斯泰福音書	托爾斯泰	白若雪	200元
T0300003	關於上帝的故事	里爾克	黃瑞華	190元

T0300004	拯救神的人	卡山札基	白仲青、郭顯煒	200元
T0300005	穆罕默德	凱倫・阿姆斯壯	王瓊淑	410元

心理

書籍編號	書名	作者	譯者	定價
T0400001	心理學的故事	墨頓・杭特	李　斯	470元
T0400002	心理學的世界	墨頓・杭特	李　斯	520元
T0400003	吻、搔癢與煩悶	亞當・菲立普	陳信宏	210元
T0400004	育嬰室的野獸	亞當・菲立普	江正文	200元
T0400005	恐懼與專家	亞當・菲立普	王麗娟	200元
T0400006	調情	亞當・菲立普	楊孟哲	290元
T0400007	達爾文的蚯蚓	亞當・菲立普	江正文	190元
T0400008	難以探觸的心	珍納・馬爾肯	陳系貞	220元
T0400009	佛洛伊德檔案	珍納・馬爾肯	陳系貞	220元
T0400010	卡桑德拉的女兒	約瑟夫・史瓦茲	陳系貞	380元
T0400011	人生，非常戲劇	卡爾・賽伯	鍾清瑜	320元

科普

書籍編號	書名	作者	譯者	定價
T0500001	蒼蠅、老鼠、人	法蘭索瓦・雅各	賴慧芸	200元
T0500002	研究科學的第一步	拉蒙卡哈	程樹德	260元
T0500003	我創造了桃莉!	伊恩・魏爾邁	陳紹寬	400元
T0500004	踏入宇宙的一小步	吉姆・卡利里	陳雅雲	310元
T0500005	病菌現形	吉諾・卡倫	龐中培	200元
T0500006	大腦變奏曲	哈洛德・克羅文	陳振東	320元
T0500007	阿基米德的浴缸	大衛・伯金斯	林志懋	300元

http://www.eurasian.com.tw

歷史 Historia 008

猶太人的禮物——一個游牧民族如何改變歷史

作　　者／Thomas Cahill
譯　　者／曾曉鶯
發 行 人／簡志忠
社　　長／李敏勇
出 版 者／究竟出版社股份有限公司
地　　址／台北市南京東路四段50號11樓之1
電　　話／（02）2570-3939
傳　　真／（02）2570-3636
郵撥帳號／19423061　究竟出版社股份有限公司
責任編輯／黃暐勝
美術編輯／王祥樺
校　　對／馬　勵
排　　版／莊寶鈴
法律顧問／詹文凱律師
印　　刷／祥峯印刷廠
2001 年 9 月　初版

The Gifts of the Jews: How a Tribe of Desert Nomads Changed the Way Everyone Thinks and Feels

定價 320 元　　ISBN 957-607-659-5　

國家圖書館出版品預行編目資料

猶太人的禮物：一個游牧民族如何改變歷史／
湯瑪斯.高希爾（Thomas Cahill）著；曾曉
鶯譯. -- 初版. -- 臺北市：究竟，2001〔民
90〕
面； 公分. --（歷史；8）
譯自：The gifts of the Jews : how a tribe of
desert nomads changed the way everyone
thinks and feels
ISBN 957-607-659-5（平裝）

1. 猶太教 - 歷史 2. 猶太民族 - 歷史 3.以色列
- 歷史 - 古代（70年以前）

735.321 90012200

廣　告　回　函
北區郵政管理局登記 證北臺字1713號
免　貼　郵　票

圓神出版事業機構

究竟出版社 收

105 台北市南京東路四段50號6樓之一
TEL:02-25796600 FAX:02-25790338

對折黏貼後，即可直接郵寄

寄件人：

地　址：□□□

電　話：（宅）　　　　　　（公）

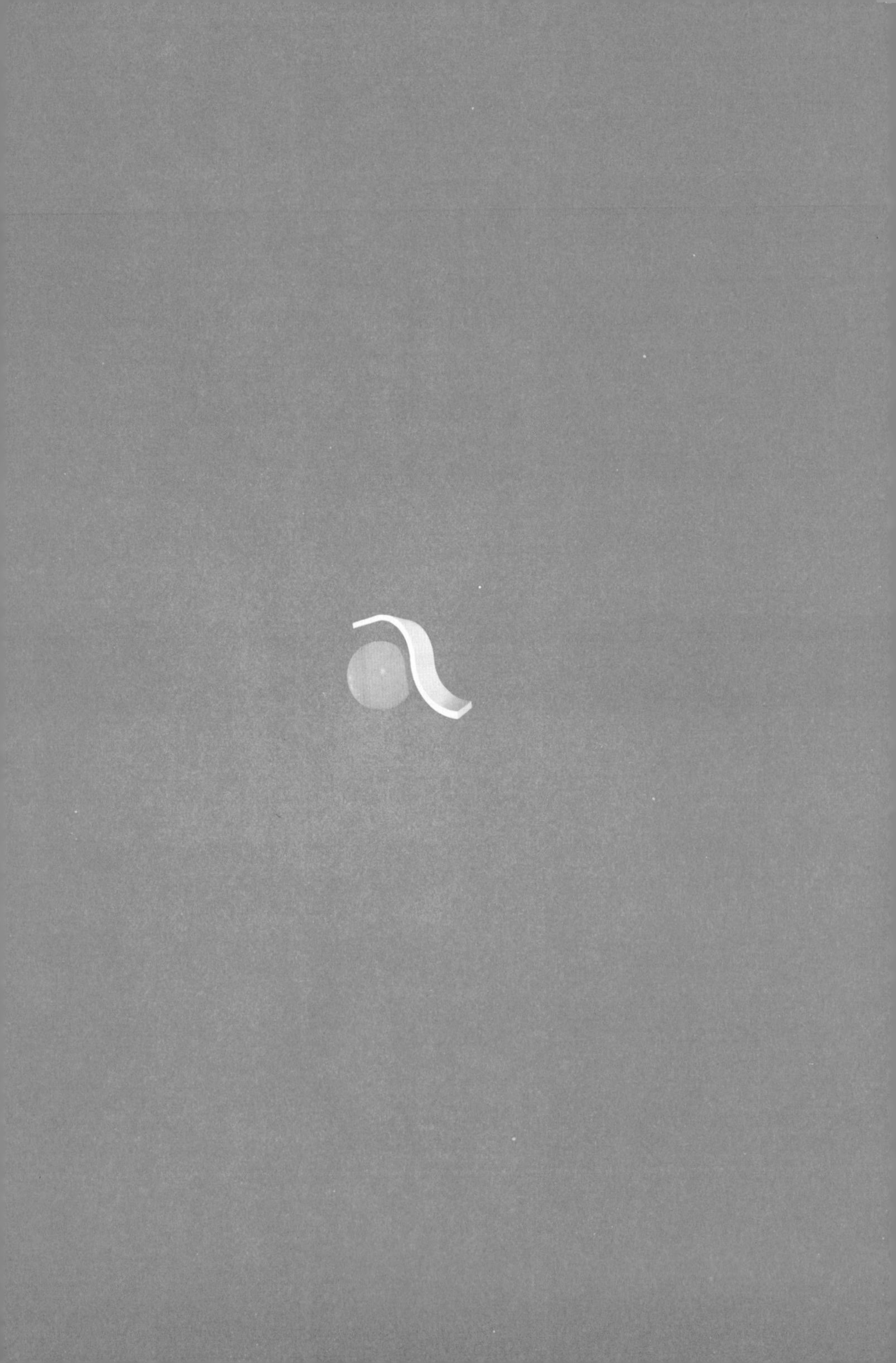